Wamberg
Olympia-Skistadion
Wiedau
Zotzenberg 1205
Hirzeneck 1186
Kochelberg
Schönau
Eselberg 1049
Wamberger H.
Petersbad
Vdr. Hausberg
Fuchslern
Partnachklamm
Wildenau
Rießerkopf-H. (Toni-H.)
Vorder-graseck
Wbs. Eckbauer
Bayern-Hs.
Whs. Streichla
Partnachalm
Mittel-
Hinter-
Scheibenmoos
Ferchenbach
Bad Elmau
Dienst-H.
Kl. Kranzberg 1251
1288 Stellwagelskopf
Kälbersteig
Elmauer B.
Hirnschlag
Am schwarzen Schrofen
Steiler-H.
Kälber-H.
Erholungsheim
Reinthal
Schindeltalschrofen 1167
Parasol-H.
Ferchenbach
Wettersteinwald
Bannholzweg
Breitengriesgr.
Ferchensee
Spitzwald
Keilschrofen 1535
Windfall-H.
Schützensteig
Mitterklamm
Bösplattensteig
Kämikopf
Kämi-A.
Zirbelkopf
Hirschlache
Steilenberg 1770
1464 Wettersteinalpe
Gemsanger
Wettersteinwand
Hinterklamm
Schachenwald
Wettersteinspitze
Untere- 2152
Weiße Wand
2297 Obere-
Königsweg
Schachentorkopf
Rotplattensp.
2399
Mittagsscharte
Partnach
Schachensee
Dienst-H.
Schachentor
2433
2482
Botanischer Alpengarten
Wetterstein
Schl. Schachen
2304
Wettersteinkopf
1866
Unterk.-Hs.
Frauenalplkopf
Hirschbichlkopf
Bock-H.
Aussichtspunkt
2351
2276
Rauchkopf 1869
Unter-
Meiler-H.
Musterstein
Unterk.-Hs.
2476
Törlspitzen
Frauenalpl
Berglital
Zunderkamm
Großer Hundsstall
Oberreintal
Obereintal
(Oberreintal-H.)
Dreitorspitze
(Partenkirchner)
Mittl.
Westl.
Ofelekopf 2478
Lochlehn
Leutascher Ache
Zunderköpfe
Ob. Reintalkar
Schüsselkar
Plattach
Söllerpaß
(Leutascher) Söller
2211
2682
Leutasch
Reindlau
2553
Hundsstallköpfe
Oberreintalschrofen
Schüsselkarsp.
2440
2523
Scharnitzsp.
Teufelsk.
Arnplattensp.
WETTERSTEINGEBIRGE
Weißlehnköpfe 2002
Scharnitzjoch 2048
Puitbach
Zwirchkopf 1934
1773
Arnkopf
Kirchl
Gehrenspitze 2367
Erinnerungs-H.
Rotschrofen
Alte Schafhütte
Geigerkopf
Hoher Sattel
1485
Arn
Wang-A. 1753
Schönegg
Wurziger Steig
Unt.-gasse
Zuntere 1691
Fuchsloch
Oberleutasch
Ob.-weidach
Schwarzweg
Kirchplatzl

ALPINMONOGRAFIE WETTERSTEIN - Täler, Grate und Wände

Alpinmonografie
Bergverlag Rudolf Rother
RR

Fritz Schmitt

Wetter stein

Täler, Grate und Wände

Bergverlag
Rudolf Rother GmbH
München 19

Titelbild:
Westgipfel der Partenkirchner Dreitorspitze,
Mittelgipfel und Nordostgipfel.

Haupttitel:
Alpspitze, Hochblassen, Höllentalspitzen,
Waxenstein, Riffelspitzen und Zugspitze
vom Kramerplateauweg aus.

Vorsatz vorne:
Teilausschnitt der BV-Wettersteinkarte 1:50 000,
Beilage zum Kleinen Wettersteinführer
von Voelk/Pfanzelt

Vorsatz hinten:
Vergrößerter Ausschnitt
aus Kupferstichkarte von Homann, um 1730,
Originalgröße 57 × 49 cm

Abschlußbild:
Leberle-Führe in der Südwand
der Scharnitzspitze, 2463 m

ISBN 3-7633-7134-6
Hergestellt in den Werkstätten
der Bergverlag Rudolf Rother GmbH,
München
(1964/90345)

Einführung

Als der erste Flaum unter der Nase zu sprossen begann, entschloß ich mich, den Schatz meiner Schulbubenzeit zu versilbern: mein Briefmarkenalbum. Für den Erlös erwarb ich ein Kletterseil aus borstigem Manilahanf und beschloß, Bergsteiger zu werden. Manchmal schmückte ich die schmale Brust mit dem neuen Seil und betrachtete mich kritisch im Spiegel. Dann kam ich mir vor wie der leibhaftige Emil Zsigmondy. Der hatte das erste Buch über „Die Gefahren der Alpen" geschrieben und war dennoch abgestürzt. Als Tätigkeitsfeld erkor ich zunächst die gelben, speckig polierten Nagelfluhwände des Klettergartens im Isartal und die Münchner Hausberge Plankenstein und Ruchenköpfe. Hier fühlte ich ersten alpinen Angstschweiß. Mein erster „Zweitausender" war die Alpspitze, die ich damals schwärmerisch für den schönsten Berg der Alpen hielt. Als drei Fünfzehnjährige aus der Jugendgruppe der Sektion Oberland brachen wir gegen Mitternacht von Garmisch-Partenkirchen auf, stiegen zum Kreuzeck und warteten die Morgendämmerung ab. Es regnete, aber wir waren trotzdem guter Dinge. Die „Schönen Gänge" erlebten wir in nicht gerade schönem Zustand: verschneit das Drahtseil, die Felsen vereist und keine Spur. Es war Mai und der Frühling noch im Tal beschäftigt. Aber wir wühlten uns mannhaft durch den tiefen Schnee zum Gipfel, genossen den „Sieg" und die Aussicht auf ein Nebelmeer in den Talfjorden. Der Abstieg wurde zu einem großen Rutschvergnügen, und so landeten wir im Nebel ziemlich verdutzt auf der brüchigen Eisdecke des Stuibensees und holten uns nasse Füße. Bei der nächsten Wettersteintour, die natürlich der Zugspitze galt, kamen wir auf Skiern, nahmen den Nachtanstieg durch Partnachklamm und Reintal und die gewaltigen Lawinen aus der Hochwanner-Nordwand in Kauf und sammelten sämtliche Gipfel der Plattumrahmung. Und bestaunten das im Schnee liegende Wrack des ersten dort oben gelandeten Flugzeugs. Wir hatten schon die Dreitorspitze als Ziel im Visier, da dirigierte mich der Zufall in das Kaisergebirge, und das wurde mir nun zum Kletterparadies: mit 16 Jahren Totenkirchl, mit 17 Fleischbank-Ostwand, mit 20 die anderen Dülferwände und mit 21 Erstbegehungen. Der Kaiserpapst Franz Nieberl ernannte mich zum ersten Kurienkardinal. Ich schrieb einen Führer, das „Buch vom Wilden Kaiser" und baute mir eine Hütte. Hier fand ich, wie man ein wenig pathetisch sagt, eine Bergheimat und wurde dem Wetterstein etwas entfremdet. Aber ich kam wieder! Verband mich mit dem Kaiser die Leidenschaft des jugendlichen Liebhabers, so war meine Beziehung zum Wetterstein die Freundschaft des reifen Mannes. Hier lockte mich nicht mehr Felsakrobatik, hier waren es die hohen Bergflanken und die langen Grate. Nach dem Krieg kam ich oft zu Bertl Pflugmacher auf die Meilerhütte. Da gab es Pflichten als Sektionsvorsitzender und viel Vergnügen in den nahen Wänden. Übermütige Parforce-Touren, wie vormittags auf den Kleinen Waxenstein und abends zum Dreitorspitzgatterl. Und am 50. Geburtstag Abschied vom VI. Grad.

Dann begannen die gemütlichen Jahre des gedämpften Saitenspiels, bergsteigen ohne Ehrgeiz. Das Soll war erfüllt: mehr als 2000 Gipfel. Man durfte sich über Blumen freuen, über Zirben und Wolken, über Vögel, Gemsen und Murmeltiere, über Wasserfälle und Seen, ohne ein seniler Alpengreis zu werden. Denn immer noch steht mir das Erlebnis über der Erinnerung. Die Berge werden mich bis zu meiner letzten Stunde faszinieren. Und die Worte des alten und weisen Dr. Julius Kugy werden gültig bleiben:

„Es sind Jahre vergangen, es vergehen deren immer mehr. Und das sage ich euch: Die Berge werden immer schöner! Sie gießen von ihrem Zauber und von ihrem Glanz über alle Wege."

In solch freundschaftlicher Zuneigung zum Wetterstein schrieb ich dieses Buch.

München, Herbst 1979 — Fritz Schmitt

Inhalt

Wetterstein und Werdenfelser Land

Wetterstein ... Graue, himmelhohe Wandfluchten nordseitig über waldgrünen Talfurchen und Bergseen, gelbgefleckte Plattenwände auf der Südseite, toten Geröllströmen entragend — das sind die beiden Gesichter dieses Gebirges mit dem höchsten Gipfel des deutschen Anteils an den Alpen: der Zugspitze. Und über allem der 20 Kilometer lange Grat des Hauptkammes, aufgespalten in eine Reihe von wuchtigen Gipfeln, Scharten und Zacken. Müller-Partenkirchen schrieb einmal angesichts dieser Berge: „Die Berge sind die Akzente der Erde. Ohne sie wäre die Erde nur oberflächlich. Mit ihnen bekam sie Höhen und Tiefen und einen Rhythmus."

Das gilt für die Landschaft Werdenfels, für das Talbecken von Ehrwald und für die grüne Leutasch. Der Gebirgszug des Wettersteins ist mehr als Hintergrund und Kulisse. Er ist vielmehr Ausdruck des Charakters.

Wenn an klaren Föhntagen die schräggestellten weißen Segeldreiecke auf dem windbewegten Starnberger See kreuzen, dann ist der Blick frei zur Zugspitze. Bis fast 3000 Meter Höhe steigt der Gratverlauf des Wettersteins an, um westwärts jäh gegen Ehrwald abzubrechen. Fährt man vom Starnberger See weiter nach Süden, etwa durch die Toteislandschaft der Osterseen oder nähert man sich über Weilheim dem Gebirge, dann gewinnt der Blickfang der Vorberge mit jedem Kilometer an Bedeutung und an Höhe: Herzogstand und Heimgarten, Estergebirge, Ettaler Mandl ...

Wir sind im liebenswerten, gesegneten Land vor dem Gebirge. Grüne Hügel wogen in sanftem Wellengang. Geröllaufschüttungen sind Zeugen der Eiszeit. Nun ist dies alles Kulturland mit Wiesenteppichen, Ackergevierten, Waldkulissen, Flußläufen, Mooren und Seen. Ein bewegtes, an Gegensätzlichem reiches Erdbild! Nordwärts die Verflachung in die Ebene, im Süden die Begrenzung durch das schroffe, unruhig profilierte Gebirge. Eine Landschaft voller Stimmungsgehalt im ständigen Wechsel der Wolken und des Lichts.

Ich weiß keine festlichere Einfahrt ins Gebirge als der Loisach entlang, dem Wetterstein entgegen. Dörfer mit Zwiebeltürmen, Blumen in Bauerngärten und auf Altanen, braungeflecktes Vieh auf den Weiden, Erlenauen am Wasserlauf.

Und frei die Sicht auf die Berge: Auf den stumpfen Kegel des Waxensteins, die massige Zugspitze, die zentral beherrschende Alpspitze mit ihrem schrägen Dach und den langen Grat über die Dreitorspitze bis hinüber zur Wettersteinwand. Und dann ist man bei einem unserer schönsten heimatlichen Gebirge zu Gast!

Da warten die Schaustücke der Partnach- und Höllentalklamm, das lange Reintal entblößt den Gebirgskern, das Oberreintal erschließt sich als Paradies der Klettertürme, und immer wieder die Grate. Langgezogen und geschärft, selten dolomitisch mit Türmen bestückt, nicht immer über atemberaubenden Abgründen, aber wolkennah und weite Sicht gewährend. Von Scharte zu Scharte, von Gipfel zu Gipfel gespannt. Manche, wie der Kammverlauf vom Musterstein nach Osten, nach Überwindung der Drei Scharten, vielfach ein trittsicheres Gehen gestattend, der Jubiläumsgrat mit seinen durch Sicherungen gezähmten Felshindernissen, der Teufelsgrat, dessen morsches Gefüge mißtrauische Aufmerksamkeit verlangt, der plattige Westgrat der Schüsselkarspitze mit seinen Steilstufen, der Waxensteingrat mit eleganten Überraschungen und der Gaif- und Blassengrat als scharf profilierte Zackenlinie mit einer luftigen Abseilstelle.

Und dann die Wände! Die mehr als tausend Meter hohen mit dem Latschengeflecht auf begrünten Sockeln, die steilen plattigen Südwände der Schüsselkar- und Scharnitzspitze, des Mustersteins, des Öfelekopfes, die Ostwände der Dreitorspitze und der Riffelköpfe.

Diese obere Ödlandzone des Gebirges hat sich seit Jahrhunderten nicht wesentlich verändert; anders die Zugspitze, auf deren Gipfel die Bahnen alljährlich mehr als eine halbe Million Menschen befördern. Aber gewiß ist auch vielen von ihnen eine mühelos erkaufte Gipfelschau ein einmaliges Erlebnis.

Der Winter schafft die große Verwandlung der Landschaft: Zunehmende Einsamkeit auf den Graten und Gipfeln, Massenbetrieb auf den Hängen. Der Mensch auf Skiern hat vom gezähmten Teil des Gebirges rücksichtslos Besitz ergriffen. Seilbahnschneisen und Abfahrtsbahnen durchziehen rauchblaue, schattige Waldgürtel, die Kabel der Bahnen und Lifte spannen ihr Netz, mehr als 100 Kilometer Pisten bieten alles, was die Tempobesessenen suchen. Die Berge wirken noch ernster und mächtiger als im Sommer, etwa der Waxenstein vom Kreuzeck, die Alpspitze, die Wetterwand oberhalb Ehrwald. Auf dem Zugspitzplatt Menschengewimmel vom ersten Skitraining bis zum letzten Schwung im sulzigen Firn.

Und abseits des Betriebes überall die Modellierungen des Winters: Schneehauben auf den Heustadeln, Rauhreiffiligran auf Büschen und Bäumen, die zwergenhaft verschneiten Jungfichten einer Lichtung . . .

Zum Bild auf folgender Doppelseite: Das ist die klassische Ansicht des Wettersteingebirges von Norden aus dem Loisachtal. Über dem weiträumigen Becken von Garmisch-Partenkirchen dominieren die beiden Gipfel Alpspitze, 2629 m, und Zugspitze, 2964 m. Die besonnte Steilflanke den Kleinen Waxensteins, 2163 m, markiert den Eingang ins Höllental.

Risum Jovis — das Lächeln Gottes — haben die alten Römer den März genannt. Schneerunsig ragt das Gebirge über den Waldhügeln empor und im Tal beginnt es zu grünen. Zu Tausenden öffnen sich die Krokuskelche. Die dünne Grasnarbe ist wie ein Teppich über Felshöcker und Bodenwellen gespannt. Föhn, der bayerische Mistral, fegt den Himmel blank.

Welcher Jahreszeit gebührt nun der Preis der Schönheit? Es gibt nur eine salomonische Entscheidung: Man muß Wetterstein und Werdenfelser Land im Rhythmus der Natur, im aufregenden Wechsel erleben.

Grenzen und Relief des Wettersteins

Der Ordnungssinn hat die Geographen veranlaßt, die Nördlichen Kalkalpen zwischen Bregenzer und Wiener Wald, zu denen das Wettersteingebirge gehört, in 24 Gebirgsgruppen einzuteilen. „Wetterstein" findet man in der Gliederung des Alpenvereins unter Nummer 4. Die Grenzen sind naturgegeben durch Taleinschnitte und Flußläufe markiert: Von Ehrwald im Westen der Loisach folgend, die ab der bayerisch-tirolischen Grenze bei Griesen fast rechtwinkelig nach Osten fließt und bei Garmisch-Partenkirchen nordwärts abbiegt. Der Kankerbach bildet die Nordgrenze der östlichen Gebirgshälfte. Das Isartal bei Mittenwald trennt das Wettersteingebirge im Osten vom Karwendel und die Südgrenze verläuft durch das Leutasch- und das Gaistal zum Ehrwalder Becken. Südöstlich vorgelagert ist der isolierte, aber markante Arnspitzstock, der dem Wettersteingebirge zugerechnet wird, selbständige Nachbarn im Süden sind die massigen Felsgipfel der Mieminger Kette.

Und nun zur Orographie, das ist die Beschreibung der Reliefformen. Anton Waltenberger und Hermann von Barth haben auf diesem Gebiet Pionierarbeit geleistet. Die klassische Beschreibung für Bergsteiger verfaßte Hans Leberle in seiner Wetterstein-Monographie im Alpenvereins-Jahrbuch 1904:

„Auch dem oberflächlichsten Beobachter fällt die scharfe Abgrenzung der Gruppe auf. Im Nord und Süd eine lange Front steiler, grauer Felsen über der dunklen Basis des Vorgebirges, im Westen die Riesenwand des Zugspitzabsturzes. Nur im Osten fehlt ein charakteristischer, jäher Abschluß. Vegetationsreiche, sanfte Linien vermitteln den Übergang von der Hochregion ins grüne Isartal.

Schon von weitem ist der Kulminationspunkt erkenntlich: wie sich allmählich von Ost nach West die Kammlinie hebt, in stetem Aufschwung vom Isartal bis zum mächtigen, klotzigen Stock der Zugspitze. Von ihr strahlen drei Kämme aus: der Wetterstein-, Blassen- und Waxensteinkamm. Die beiden ersten verlaufen allgemein in west-östlicher Richtung, der Waxensteinkamm hat eine mehr nördliche Richtung.

In ungeheurem Halbkreis schwingt sich von der Zugspitze aus der Felsgrat nach Süden, das Platt umschließend. In der breiten, großen Fläche verschwinden die unbedeutenden Erhebungen der Wetterspitzen, bloß die weiße Kuppe des Schneefernerkopfs und die prächtig gebaute Plattspitze sind die zwei markanten Gipfel. Die Gatterlköpfe leiten hinab zum Gatterl, dem Übergangspunkt vom Reintal zur Südseite des Gebirges.

Von der Tiefe dieser Einschartung hebt sich östlich der Grat empor zum Hochwanner und zu der roten Zackenreihe des Teufelsgrats und zum Oberreintalschrofen. Hier biegt der Kamm dann plötzlich nordwärts, das prachtvolle Dreitorspitzmassiv bildend. Mit den Gipfeln des Mustersteins und der Wettersteinwand läuft die Felsmauer noch stundenweit ostwärts, bis die Untere Wettersteinspitze in kurzer Wand zum Grünkopf abfällt. Dieser Felswall von 20 Kilometer Länge, mit einer durchschnittlichen Höhe von 2600 Meter, führt den Namen Wettersteinkamm. Der westliche, unbedeutendere Teil des Kammes, vom Gatterl bis zur Zugspitze, wird als Plattumrahmung bezeichnet.

Auch die Seitenkämme haben im südlichen Kamm ihre größte Entwicklung gefunden. Wer durchs Reintal aufwärts zieht, dem werden kaum drei Hochkare entgangen sein, die in den glatten Nordabstürzen eingebettet liegen. Es sind von Osten nach Westen die beiden Hundsställe und das Kar in der Jungfer. Die schroffen Rippen, die die Kare trennen, tragen eine Reihe von jähen Türmen, die aber im mächtigen Hintergrund völlig verschwinden. Auch der massige Felsbau, der das Oberreintal in das östliche Schüsselkar und das westliche Oberreintal scheidet, ist ohne Erhebung. Erst in den Ausstrahlungen der östlichen Kammhälfte, die durchwegs parallel zum Hauptkamm ziehen, tritt eine kräftigere Gipfelbildung auf.

Wo sich der Hauptkamm nordwärts wendet, führt der Ostgrat der Leutascher Dreitorspitze den alten Verlauf fort. Seine Felsenarme umspannen südlich den Abschluß des Berglentales, ein dem Zugspitzplatt ähnliches, welliges Hochplateau. Der Doppelgipfel des Öfelekopfes schließt den kurzen, kräftigen Ast. Von der Scharnitzspitze löst sich ein weiterer Kamm ab, der, erst südlich laufend, mit der Gehrenspitze einen ausgeprägten Gipfel bildet.

Blassenkamm und Waxensteinkamm zeigen einen einfacheren Gratverlauf. Den allmählichen sanften Übergang von der Zugspitze nach Osten stört ein turmähnliches Gebilde, der Gipfel der Inneren Höllentalspitze. Auf die unbedeutende Vollkarspitze folgt eine echte Gipfelindividualität, der Hochblassen. Sein zerrissener Grat leitet zur Blassenspitze und zum Hohen Gaif. Die durchschnittliche Höhe des Blassenkammes, von der Inneren Höllentalspitze bis zum Hochblassen, beträgt 2700 Meter.

Nur vom Hochblassen zweigt nach Norden ein mächtiger Seitenkamm ab, in dessen Verlauf eine der schönsten Erscheinungen des Gebietes, die Alpspitze, aufragt. Ein scharfer, steiler Grat, die rechte Kante der Pyramide, läuft von der Spitze nach Norden, kurz vor dem Abbruch zum Höllental noch einen turmartigen Gipfel, den Höllentorkopf, bildend.

Die Felsmauer des Waxensteinkammes scheint gar keine Verbindung mit dem Kulminationspunkt zu haben. Erst tief unter dem jähen Abbruch leitet der dünne Zackengrat der Riffelwandspitzen den nordöstlichen Kamm ein. Die niedrige, aber imponierende Figur des Kleinen Waxensteins setzt mit steiler Felswand gegen Hammersbach ab.

Zwischen den drei Kämmen liegt das Reintal und das Höllental. Das Reintal bietet, sowohl im Unterlauf, wo sich der Bach in Jahrtausenden seinen Weg durch das Bergmassiv gegraben hat, wie im Mittel- und Oberlauf berühmte Bilder. Die Schönheit des Höllentals ist eine düstere, weniger anheimelnde. Die Bergwände treten enger zusammen; statt der milden Formen des Platts sind es hier die schroffen Höllentalwände der Zugspitze, die sich finster über der Schlußwand erheben."

130 Wettersteingipfel

Wenn jemand in Bayern alle über 1500 Meter hohen Berggipfel ersteigen wollte, der müßte viel Zeit aufwenden, denn 1378 solche Erhebungen wurden registriert. Allein im Wetterstein lassen sich 51 Grenzberge und 79 rein bayerische Gipfel, also insgesamt 130 Erhebungen über 1500 Meter nachweisen. Und von den insgesamt 1378 Gipfeln in Bayern (davon 323 Grenzberge) ist die Zugspitze mit 2963,3 Meter Kulminationspunkt. Auch das nächste Dutzend der höchsten bayerischen Berge erhebt sich im Wetterstein. Dann erst kommt an 13. Stelle der Watzmann.

Eine Häufung der höchsten Wettersteingipfel findet man in Zugspitznähe: Schneefernerkopf, 2874 Meter; Mittlere Höllentalspitze, 2755 Meter, und Hochwanner, 2746 Meter. Das gegen Osten absinkende Gefälle der Gipfelflur wird deutlich, wenn man bedenkt, daß zwischen der Zugspitze, 2964 Meter, und der Unteren Wettersteinspitze, 2152 Meter, ein Höhenunterschied von 800 Meter besteht. Das wird jedermann sofort optisch klar, der etwa vom Eibsee zur schroffen Zugspitze hinaufschaut oder von Mittenwald die zahmen Ausläufer des Wettersteingrates betrachtet. Der Gipfel mit der besten Aussicht, dem stärksten Besuch, der bequemsten Erreichbarkeit (eine Zahnradbahn, zwei Seilbahnen) und der brutalsten Verschandelung ist die Zugspitze. Im Anfang der Bergsteigerei im Wetterstein interessierten sich die Menschen nur für die Zugspitze. Hermann von Barth schrieb 1871: „Im Wetterstein genügt eine Besuch der Zugspitze vollkommen."

Der Gratübergang von der Zugspitze über die Höllentalspitzen zur Alpspitze, kurz Jubiläumsgrat genannt, ist eine äußerst beliebte hochalpine Tour im Wetterstein. Der Gratübergang bietet landschaftlich hervorragende Eindrücke, stellt an den Begeher jedoch hohe Anforderungen an Ausdauer und kann bei Witterungsumschlag zudem sehr gefährlich werden.

Die Alpspitze, 2628 Meter, wäre in letzter Zeit auch beinahe ein Seilbahnberg geworden. Nach geharnischten Protesten blieb es vorerst bei einer massiven technischen Erschließung des nördlich vorgelagerten Skigeländes. Außerdem wurden der Alpspitze zwei Klettersteige über die Nordflanke zugemutet. Der erst 1978 erbaute hinauf zum Nordwestgrat wird als Nordwand-Ferrata bezeichnet. Der enorme Eisenaufwand rechtfertigt dies.

Die meisten Wettersteingipfel erfordern zum mindesten Trittsicherheit, bergsteigerische Erfahrung und entsprechende Ausrüstung. Kletterer finden beliebte und schwierige Ziele im Puitental, im Oberreintal und an der Westseite des Zugspitzstockes. Die Hochwanner-Nordwand strebt 1400 Meter hoch aus dem Reintal empor. Charakteristisch sind die scharf ausgeprägten Grate: Teufelsgrat, Jubiläumsgrat, Blassen- und Gaifgrat und Wettersteingrat.

Wettersteinkalk — ein Markenartikel

„Der Wettersteinkalk", schreibt der Geologe Helmuth Bögel, „welcher bekanntlich ein wichtiger Gipfelbildner in den bayerisch-tirolischen Kalkalpen ist (nahezu sämtliche Gipfel des Wettersteins, der Mieminger, des Karwendels und des Kaisergebirges sind aus ihm aufgebaut) ist ein durchwegs heller, oft massiger Kalk, dessen Bankung — soweit überhaupt erkennbar — oftmals nur aus der Ferne zu sehen ist. Er wird bis 1200 Meter mächtig. Häufig kann man im Wettersteinkalk Röhrchen von Kalkalgen finden, seltener auch Schnecken und Korallenreste, gelegentlich — besonders an der Westseite des Zugspitzplatts — auch Ammoniten".

Hans Scherzer, der gründliche Naturbeobachter, singt dem Wettersteinkalk ein Loblied: „Wer liebt sie nicht, jene schimmernden, nackten Wände und zerhackten Grate, jene zackigen Kronen und Bastionen, die zu den Zinnen steinerner Riesenburgen werden, wenn wir zu ihnen emporklettern? In seiner leuchtenden, meist weißen Farbe und der marmorartigen Dichte ist der Wettersteinkalk das schönste Gestein der Kalkalpen."

Und auch die Kletterer sparen nicht mit Anerkennung. Felix Simon, der als Fünfzigjähriger noch die Große Zinne-Nordwand durchkletterte, schrieb: „Der Wettersteinkalk ist ein solides Klettergestein, hart, fest, voller Risse und mit scharfen Graten."

Auf den wandernden Laien wirkt die wissenschaftliche These verblüffend, daß das kompakte Material dieser Gipfel- und Gratbildungen aus Meeresablagerungen bestehen soll. Dazu noch einmal Helmuth Bögel: „Die Ablagerungen von Sedimentgesteinen erfolgte im großen und ganzen in der Weise, daß sich auf dem Meeresboden Schicht auf Schicht übereinanderlegt, wobei sich

Die Höllentalseite der Waxensteine von der Alpspitze, 2629 m. Von links der Große Waxenstein, 2277 m, der Zwölferkopf, 2232 m, mit seiner vielbegangenen Nordostkante, und durch die Mittagsscharte getrennt, der Kleine Waxenstein, 2163 m, mit dem Manndl. Der Normalaufstieg führt von dem kleinen Schneesattel in mittelschwerer Kletterei über den nach links hinaufziehenden Grat.

der Meeresgrund etwa in demselben Maße absenkt, wie die Sedimente zunehmen. So können unter Umständen mehrere tausend Meter mächtige, flachliegende Gesteinspakete zustande kommen. Nach ihrer Verfestigung bleibt jedoch die ursprüngliche flache Lagerung nur in seltenen Fällen erhalten. Vielmehr werden die Gesteinsmassen gehoben, verstellt, zu Sätteln und Mulden gefaltet, zerbrochen und gegeneinander bewegt, ja sogar übereinander geschoben."

Der Wettersteinkalk ist an verschiedenen Stellen mit Blei- und Zinkerzen angereichert, was in unserem Gebiet zu Bergbau führte. Seit mehr als 120 Jahren bemühen sich Fachgelehrte im Wetterstein geologische Erkenntnisse zu gewinnen. Dabei beschäftigte sie auch immer wieder die schockierende Frage: Sind die Gesteinsmassen des Wettersteingebirges tatsächlich aus größerer Entfernung auf eine fremde Unterlage überschoben worden (H. J. Schneider). Nach 1868 arbeitete der Wiener Edmund von Mojsisovics, einer der drei Gründer des Österreichischen Alpenvereins, im Wetterstein. Zu erwähnen sind ferner der Innsbrucker Geologieprofessor Adolf von Pichler und Carl Wilhelm von Gümbel, der spätere Oberbergdirektor. Von diesem stammen die Wortprägungen „Wettersteinkalk" und „Partnachschichten". Genannt sei ferner O. M. Reis, der 1910 eine geologische Karte des Wettersteingebirges schuf, Otto Ampferer, die ideale Verkörperung eines Bergsteigers und Wissenschaftlers, Kurt Leuchs mit seinen „Tektonischen Untersuchungen im Wettersteingebirge" (1924) und in der Neuzeit P. Schmidt-Thomè, Hans-Jochen Schneider und Helmuth Bögel.

Trotz aller erzielten Forschungsergebnisse bleibt die Entstehung der Gebirge noch immer voller Rätsel und Geheimnisse, „Runzeln im alternden Antlitz der Erde."

Miniaturgletscher im Wetterstein

Man sagt, die Eiszeit herrscht noch oberhalb der Schneegrenze im Hochgebirge. Die wirkliche Eiszeit in den Alpen lag, wissenschaftlich bestimmt, im Pleistozän, einzuordnen nach dem Tertiär-Zeitalter, in dem ein feuchtwarmes Klima das Gesicht unserer Landschaft geprägt hat. Durch eine verbreitete klimatische Abkühlung wuchsen die Alpengletscher und schoben sich im heutigen Bayern bis in die Gegend von München vor. Man rechnet bis zum Beginn der Vergletscherung 600 000 Jahre zurück. In der Hocheiszeit war unser Gebiet von der dicksten Eisschicht bedeckt. Die Wissenschaftler rechnen über Mittenwald und Lermoos mit einer Vergletscherung bis 2000 Meter Höhe. Die ungeheuren Eismassen lieferte der größte und längste Eisstrom im Bereich der Ostalpen, der Inngletscher. Seine Seitenarme umschlossen das Wettersteingebirge von Süden her; der eine durch die Seefelder Senke und, eingezwängt

Die Zugspitze, 2964 m, vom Kleinen Waxenstein, 2163 m. Von links steigt der langgestreckte, teilweise gesicherte Jubiläumsgrat über die Höllentalspitzen zum Zugspitzgipfel an. Diesem vorgelagert sind die Riffelköpfe mit ihren senkrechten Ostabstürzen. Unter ihnen windet sich der Steig zum Höllentalferner hinauf.

zwischen Wetterstein und Karwendel, der Isar folgend nach Norden; der andere Strom über den Fernpaß, gegen den Zugspitzstock brandend und im Loisachtal ins Werdenfelser Land.

Man kann sich den Anblick des Wettersteingebirges in jener Frühzeit vorstellen, wenn man an einem Spätherbsttag etwa auf dem vorgelagerten Kramer steht und eine bis 2000 Meter reichende Nebeldecke die Täler und Vorberge verdeckt und sich nur die Gipfelflur präsentiert.

Nach dem Abschmelzen der gewaltigen Eismassen blieb die Eigenvergletscherung des Wettersteingebirges, von der wir heute noch kärgliche Reste beobachten können, und zwar auf dem Zugspitzplatt und im Höllental. Dereinst wurde das Reintal, ein Trogtal, von den vom Schneeferner abfließenden Eismassen U-förmig ausgehobelt. Auch das Grieskar und das Oberreintal zeigen Spuren früherer Vergletscherung. Darf man diese heutigen Reste überhaupt noch Gletscher nennen? Oder Ferner? Ja, man darf! Professor Richard Finsterwalder bezeichnete sie als die „nördlichsten Vorposten der alpinen Vergletscherung". Umrahmt von den Gipfeln vom Zugspitzeck über den Schneefernerkopf bis zum Wetterwandeck befinden sich, in zwei flache Mulden gelagert, die beiden Schneeferner an der Zugspitze. Der südliche Ferner, der 1856 noch einen Quadratkilometer groß war, ist bis auf einen kleinen Firnrest geschrumpft. Einigermaßen gut behauptet hat sich dagegen der nördliche Ferner, der sich 1856 noch bis zum heutigen Schneefernerhaus ausbreitete. Naus schrieb 1820 in seinem Tagebuchbericht, daß sich auf dem Ferner 2 bis 15 Fuß breite Spalten zeigten, und Ruthner traf 1865 Klüfte von einer Breite von 3 bis 4 Fuß und einer Tiefe von 12 Klafter an.

Finsterwalder stellte 1949 als Ergebnis seiner Untersuchungen fest: „Die Gesamtfläche des Gletschers ist von 0,61 Quadratkilometer im Jahre 1892 auf 0,39 Quadratkilometer zurückgegangen, die Länge des Hauptstromes aber nur von 1000 Meter auf 915 Meter. Der Dickeverlust wird im Durchschnitt mit 29 Meter angegeben. Der Verlust der Eismasse beträgt von 1892 bis 1949 etwa 17,6 Millionen Kubikmeter, der verbliebene Stand konnte, wenn man die Dicke des Gletschers 1949 mit 40 Meter annimmt, auf 15 Millionen Kubikmeter Eis geschätzt werden."

Der Höllentalferner an der Ostseite der Zugspitze ist für jeden Bergsteiger ein reizvolles Schaustück, wenn er über die Sicherungen am „Brett" heraufkommt und zum höchsten Wettersteingipfel weitersteigt. 500 bis 700 Meter hohe Steilwände schützen den Ferner vor intensiver Sonneneinstrahlung und die Lawinen bringen alljährlich Schneereserven. So hat sich der Höllentalferner mit allen Attributen eines Miniaturgletschers bis heute erhalten können. Sein Zungenende ist zwar von 1856 bis 1949 um 440 Meter abgeschmolzen und man hat den Eisverlust in diesem Zeitraum auf 11 Millionen Kubikmeter geschätzt.

1949 nahm man an, daß noch 9 Millionen Kubikmeter Eis übrig geblieben sind. Das reicht immer noch für ein Renommier-Foto am Spaltenrand!

Hoffen wir, daß uns die winzigen Wetterstein-Gletscher noch lange erhalten bleiben. Es könnte sogar sein, daß sie eines Tages wieder wachsen und vorstoßen.

Hans Scherzer meinte: „Würde sich das klimatische Jahresmittel nur um 4 bis 5 Grad verschlechtern, so würden die Firnmassen des Schneeferners sich derart häufen, daß von neuem sich die Gletscher durch das Reintal nach Partenkirchen wälzen würden". Utopie oder Zukunftsmusik?

Palette der Seen

Ohne die Seen wäre die Werdenfelser Landschaft um vieles ärmer an landschaftlich reizvoller Schönheit. Da gibt es abgründige Berggewässer, flachrandige Wiesenseen und waldumkränzte Himmelsspiegel.

Der **Eibsee** (973 Meter) ist der größte, sehenswerteste und berühmteste, in einer Bergsturzmulde nördlich der Zugspitze. Sein Ausmaß wird mit 2,5 mal 1 Kilometer angegeben, das Tiefenlot sank bis 28 Meter. Sieben kleine Inseln beleben die Wasserfläche. Wer dürfte sagen, fragte J. J. Hibler, der Chronist des Werdenfelser Landes, er kenne das bayerische Hochgebirge, wenn er den Eibsee nicht gesehen? „Eingebettet in dunkles Urwaldgrün und über ihm, ins Himmelsblau hinaufgetürmt, die altersgrauen Felsflanken des Zugspitz-, Riffel- und Waxensteinmassivs". Aus dem Jahre 1249 kennt man die Bezeichnung lacus Ibsee. Hibler nimmt an, daß der Name nicht von der Eibe, wie Doposchegg meint, sondern vom Steinbock (Capra Ibex) herkommt. Der Eibsee hat keinen oberflächigen Abfluß, das Abwasser versickert im felsigen Untergrund. Auch die Zuflüsse sind hauptsächlich unterirdische Quellen. Winzige Nebengewässer, wie der Frillensee, hingen früher mit dem Eibsee zusammen.

Für mich der schönste Anblick des Eibsees ist vom Kleinen Waxenstein aus geboten. Man schaut auf das grüne Hügelrelief mit dem eingelassenen Spiegel des Sees, über den Wolkenschatten huschen.

Der **Badersee** (765 Meter) am Hinterbichl, oberhalb Grainau, ist ein Waldsee, in dessen kristallklarem Wasser sich die Fichten, Buchen und Ahornbäume spiegeln. Und über den Wipfeln erhebt sich die langgestreckte Mauer vom Kleinen Waxenstein über Schönanger- und Riffelspitzen bis zur Zugspitze. Der Badersee ist wie der Eibsee ein Quellsee, fünf Tagwerk groß und kaum 20 Meter tief.

Der **Rießersee** (782 Meter) ist kein natürliches Schöpfungsprodukt. Er wurde schon in frühen Zeiten künstlich aufgestaut. Auf dem nahen Katzenstein stand die Burg des Geschlechts der Kätzler. Alois Adam berichtet, daß im Jahre 1793 der Staudamm brach und das abströmende Wasser einen Teil von Garmisch überschwemmte. Man erzählte, die Fische aus dem Rießersee seien in den Kellern der Häuser geschwommen. Der Winter ist die Glanzzeit des Rießersees; er ist das Markenzeichen der Werdenfelser Eishockeymannschaft.

Auch in der Hochregion des Wettersteins trifft man auf einige kleine Seen. Beim Aufstieg ins Grieskar oder zur Alpspitze kommt man in einem Kessel zwischen dem Hohen Gaif und der Bernadeinwand zum **Stuibensee** (1923 Meter). Ein prächtiger Rastplatz!

Wer über die Wettersteinalm auf dem alten „Königsweg" zum Schachen hinaufwandert, freut sich nach dem Schachengatterl über die herrlichen Zirben. Fast eben zieht die Wegnarbe durch das freie Almgelände. Überraschend schaut man hier rechts unten dem **Schachensee** (1680 Meter) ins dunkle Auge.

In der eindrucksvollen Felsszenerie des Reintals behauptet sich ein kleines Wasserbecken, für das die Bezeichnung See zu hochtrabend wäre: die **„Blaue Gumpe"** (1180 Meter). Im Namen liegt Hirtenromantik. Man steht unter der 1400 Meter hohen Hochwanner-Nordwand in einer Bergsturzzone, eine Stunde unterhalb der Angerhütte. Die Felspyramide der Plattspitze krönt den Talschluß.

Am Ostende des Wettersteingebirges, oberhalb von Mittenwald, sind zwei kleine Seen in die Hügellandschaft eingebettet. Vom Lautersee (1010 Meter) schaut man über das Isartal bewundernd hinüber auf das Karwendel. Über dem 20 Minuten höher gelegenen **Ferchensee** (1059 Meter), von dem man nach Ellmau weiterwandern kann, beherrschen die Wettersteinspitzen den Blick.

Durch den Talverlauf und die Straße Garmisch-Partenkirchen — Mittenwald vom Wetterstein abgetrennt sind der **Gerold-, Barm-** und **Schmalsee,** freundliche, heitere Badeseen

Verglichen mit den großen Wasseransammlungen der Nacheiszeit sind alle diese Seen von heute nur kümmerliche Tümpel, denn damals erstreckte sich der „Werdenfelser See" über das weite Talbecken von Garmisch-Partenkirchen und reichte bis zu einem Sperriegel im Loisachtal bei Eschenlohe.

Der Eibsee unter den Nordwestabstürzen des Zugspitzmassivs ist zweifellos der bekannteste und attraktivste See im Wetterstein. Hier malte Karl Rottmann sein viel bewundertes Ölgemälde und Friedrich Hohe (1892–1870) schuf eine romantische Lithografie.

Jede Klamm bietet ein Erlebnis

Das oberdeutsche Wort Klamm bedeutet enge Felsschlucht, entstanden durch die Erosion fließenden Wassers. Klammen sind Zeugnisse der fräsenden Kraft des Wassers. Ihnen haftet, wie den Höhlen, etwas Geheimnisvolles an. Da streben ausgebauchte Felswände Hunderte von Metern empor und im Grund gischtet in polierten Strudelbecken, wie zu Schaum geschlagen, das Wasser. Das Wettersteingebirge bietet drei solche Natur-Attraktionen: die hochalpine Höllental-, die großartige Partnach- und die Leutaschklamm.

Die **Höllentalklamm** trennt die Gesteinsmassen zwischen Alpspitze und Waxenstein. Ihr Baumeister war der vom Höllentalferner abfließende Hammersbach. Die Klamm beginnt in 1000 Meter Höhe. Ehe die Alpenvereins-Sektion Garmisch-Partenkirchen auf Betreiben von Adolf Zoeppritz sich mit der Erschließung befaßte, war die Höllentalklamm noch nie in ihrer ganzen Länge begangen worden. Allein die Erkundung war schon eine recht gefährliche Klettertour mit Seilen und Leitern. Im Jahre 1902 wurde mit den Arbeiten begonnen. 28 000 Sprengschüsse waren notwendig, um einen Weg zu bahnen. Am 15. August 1905 erfolgte die Einweihung. Von einem Kilometer Klammweg entfallen 288 Meter auf Tunnels. Man ist 45 Minuten unterwegs und hat 120 Höhenmeter zu steigen. Im Winter ist die Klamm gesperrt. Die Schneemassen von sechs Lawinenzügen stürzen in die Felsenge und verursachen alljährlich Schäden. Die Höllentalklamm wurde rasch zum interessanten Touristen-Schaustück. Schon im Eröffnungsjahr 1905 konnten 24 500 Besucher registriert werden.

Die **Partnachklamm** ist auf eine Länge von 700 Metern bis zu 200 Meter tief in die Muschelkalkschichten eingeschnitten. Ein Werk der Partnach. Schon in alter Zeit wurde Holz durch die Klamm zur Lände in Partenkirchen getriftet. Auch hier leistete die Alpenvereins-Sektion Garmisch-Partenkirchen Erschließungsarbeit. Die ersten Wegverbesserungen erfolgten schon 1891. Aber erst zwanzig Jahre später wurde mit einem Aufwand von 25 000 Mark die Partnachklamm für die Touristik erschlossen.

Ernste Gefahr drohte der Partnachklamm im Jahr 1949. Eine Interessengemeinschaft, Kraftwerk Werdenfels, plante zwecks Energiegewinnung nahe dem südlichen Klammausgang eine 100 Meter hohe Staumauer zu errichten und die Wasser der Partnach und des Ferchenbaches aufzustauen. So wäre im unteren Reintal ein See entstanden. Man rechnete mit einer Absenkung des Wasserspiegels um 56 Meter und wollte eine entsprechende Verwüstung des Ufergeländes in Kauf nehmen. Der Protest war gewaltig. Alpenverein und Bergwacht gingen auf die Barrikaden. Wortführer war Richard Scheid, der 1904 als erster die Nordwand der Gehrenspitze durchstiegen hatte. Er forderte: „Hände weg vom Wetterstein — allzuviel ist schon zerstört! Denkmalschutz für die Partnachklamm!" Und Gott sei Dank, sie blieb uns erhalten.

Die Partnachklamm gehört zu den eindrucksvollsten Naturschaustücken des Werdenfelser Landes. Das Wasser der Partnach hat sich bis zu 200 Meter tief durch die Felsbarriere gefressen. Seit die Klamm durch einen gesicherten Steig begehbar ist, ermöglicht sie den Zugang zum Rein- und Oberreintal.

Die **Leutaschklamm** ist die kürzeste Felsenge mit einer Länge von kaum 200 Metern. Sie ist zwischen Wetterstein und Arnspitzgruppe eingeschnitten. Baumeister war die Leutascher Ache, deren Wasser am Klammende über eine 20 Meter hohe Felswand gischtet.

Heinrich Noë schrieb: „Wie eine grün schillernde Schlange liegt der Bergstrom in der engen Tiefe der Kalkfelsen, ein Labyrinth des Wassers und des Gesteins."

Höhlen gibt es im Wetterstein nicht in dem beeindruckenden Ausmaß wie am Dachstein oder im Tennengebirge. Immerhin finden wir im Höhlenverzeichnis des Wettersteingebirges im Gebiet Zugspitze — Hochwanner 89 Höhlen; der Finkenschacht am Zugspitzplatt erreicht eine Tiefe von 131 Meter. Die Frauenalplhöhle in den zum Oberreintal abbrechenden Wänden mißt 6000 Quadratmeter und bildet einen etwa 70 Meter hohen Dom.

Der Alpenverein und seine Hütten

Der erste Stützpunkt im Wetterstein war die berüchtigte „Flohhütte" im Reintal, die schon Leutnant Naus anläßlich seiner Zugspitzbesteigung 1820 aufgesucht hatte. Auf Betreiben von Professor Otto Sendtner und Forstmeister Pitzner aus Partenkirchen entstand 1855 zwei Stunden weiter oben eine kleine Schutzhütte. Baumeister war Franz Resch aus Partenkirchen, offenbar kein Baulöwe, sondern ein wackerer Handwerker und Idealist. Er berechnete für die 13 Quadratmeter große Hütte mit Herd, Tisch, Bänken, drei Lagerstätten, zwei Klafter Holz und dem Zugangsweg vom Reintal ganze 260 Gulden. Das Zugspitzkreuz hatte doppelt soviel gekostet. Trotzdem gab es Zahlungsschwierigkeiten. Der Münchner Verleger Angelo Knorr wollte als Mäzen und Taufpate nicht mehr als 200 Gulden spenden, so daß der Forstmeister die Restschuld berappen sollte. Als dies nicht gelang, verkaufte er die Hütte an das Forstamt Partenkirchen. So war der erste Hüttenbau im Wetterstein doch eine Baupleite. Die Herberge der Zugspitzbesteiger wurde allmählich zur Ruine. Die im Sommer weidenden Schafe fraßen das Heu der Lager.

Am 9. Mai 1869 gründeten 36 Bergfreunde in der Münchner Altstadt den Deutschen Alpenverein, der nach § 1 seiner Statuten die Bereisung der Alpen erleichtern wollte. Kein Wunder, daß die Aufmerksamkeit der Münchner alsbald auf das nur 100 Kilometer entfernte Wettersteingebirge gelenkt wurde. 1873 nahmen sie sich, teils dank freiwilliger Spenden, der verfallenen Knorrhütte (2050 Meter) an. Sie wurde umgebaut und neu eingerichtet. Die Zugspitzwege vom Reintal und von Ehrwald bedurften gründlicher Instandsetzung und eine Bergführer-Tarifordnung mußte geschaffen werden. 1881 erfolgte eine Erweiterung der Knorrhütte auf 55 Quadratmeter und schließlich erwies sich eine

Bewirtschaftung als notwendig. 1880 entstand, zunächst als Blockbau, die Angerhütte der Sektion München. Im gleichen Jahr ließen zwei Münchner Bürger privat zwei Unterstandshüttchen auf dem Platt bauen und die Familie Knorr stiftete eine Schutzhütte auf dem Westgipfel der Zugspitze. Eine Erweiterung erfolgte 1883.

Zum 25jährigen Bestehen des Deutschen Alpenvereins planten betuchte Mitglieder der Sektion München auf dem Gipfel der Zugspitze ein größeres Unterkunftshaus zu bauen. Dies führte zu einem handfesten Krach unter den Edelweißbrüdern. Die jüngeren, bergsteigerisch aktiven Mitglieder wandten sich zornig gegen das „Gipfelwirtshaus", traten aus und gründeten 1895 die Sektion Bayerland, die sich rasch zu einem Sammelbecken der führerlosen Hochtouristen entwickelte.

Das Münchner Haus mit 18 Matratzenlagern konnte mit einem Kostenaufwand von 28 300 Mark 1897 fertiggestellt werden. 1898 entstanden der „Meteorologische Turm", eine 5 Kilometer lange Blitzableiteranlage bis hinunter ins Höllental und eine 21 Kilometer lange Telefonleitung durch das Reintal. Dazu kamen Wegversicherungen mit Eisenstiften und Drahtseilen, insbesondere im Höllental. Ab 1894 gab es auch hier einen Stützpunkt, die Höllentalhütte (1380 Meter).

Bis zur Jahrhundertwende betrugen die Ausgaben der Sektion München in ihrem Arbeitsgebiet Wetterstein 117 000 Mark.

An der Nordwestseite der Zugspitze erbaute 1884 der Österreichische Touristenklub im österreichischen Schneekar die Wiener-Neustädter-Hütte (2200 Meter).

Im Jahre 1887, als man von München bis ins Werdenfelser Land noch volle sieben Stunden unterwegs war und die Einheimischen beim Eintreffen eines besetzten Stellwagens erstaunt sagten: „Aber heut' sind viel Fremde kommen!", in diesem Jahr 1887 erschien endlich der Bahnbau Murnau — Garmisch-Partenkirchen sichergestellt. Und im September gründeten 19 Männer, die an den Bergen Freude empfanden, die Alpenvereins-Sektion Garmisch-Partenkirchen.

Das bisherige Wirken der Sektion München wurde anerkannt, aber man wollte selber „Hausvater" sein. Die Zahl der Kurgäste in Garmisch-Partenkirchen hatte sich von 1882 bis 1886 fast verdoppelt auf 6 500. Und die wollten schließlich einen Auslauf. So begann man Hunderte von Wegtafeln aufzustellen und die Steige zu markieren. Viel Geld und Energie wendete die Sektion für die Erschließung der Höllental- und Partnachklamm auf. Bereits 1896 befaßte sich die Sektion Garmisch-Partenkirchen mit der Erbauung einer Unterkunftshütte im Gebiet der Kreuz- oder Hochalm. Die Regierung versagte jedoch die Geneh-

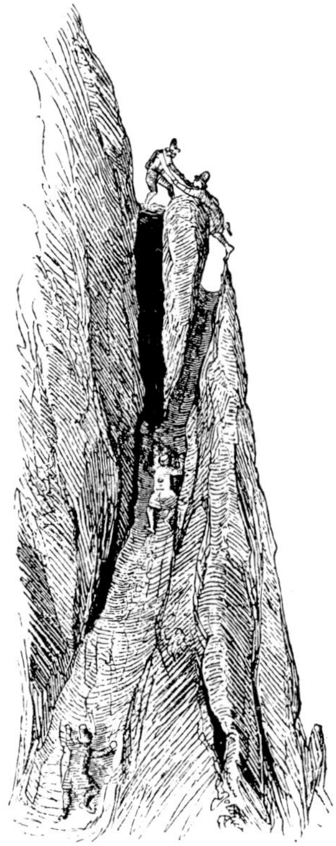

Wie aus dem alpinen Gruselkabinett muten diese Zeichnungen von Kaspar Braun über die fünfte Zugspitzbesteigung im Jahre 1835 an. Hüteschwenkend sieht man den waghalsigen Partenkirchner Führer Hanni Barth auf Felszacken und Schneegraten balancieren. Diese erste Zugspitz-Bildreportage erschien 1846 im „Deutschen Hausbuch", herausgegeben von Guido Görres.

migung „wegen mangelnden Bedürfnisses". Mit der gleichen Begründung wurde 1901 ein neuer Antrag abgewiesen. Man mußte sich in diesem Gebiet weiterhin mit einer Notunterkunft in einer Hirtenhütte auf der Hochalm begnügen. 1905 zeigten sich die hohen Herren am grünen Tisch dann gnädiger und aufgeschlossener, und auf dem Kreuzeck entstand das Adolf-Zoeppritz-Haus (1650 Meter), das am 15. August 1906 eingeweiht werden konnte. Nach dem Umbau 1926 lästerten die zünftigen Bergsteiger darüber als „Berghotel".

1920 erhielt die Sektion das Kletterdorado des Oberreintals als Arbeitsgebiet zugesprochen. Zweifellos wünschten auch hier die Bergsteiger eine Übernachtungsgelegenheit. Am 10. September 1922 konnte am Oberreintalboden eine unbewirtschaftete Hütte (1530 Meter) eingeweiht werden. Nach der Vergrößerung 1959/60 vermochte sie 45 Personen zu beherbergen. Fischer-Franzl, der legendäre Hüttenbetreuer bis 1953, verstand es mit deftigem Witz und rauher Gastlichkeit die Oberreintalhütte zum beliebtesten Treffpunkt der Kletterer im Wetterstein zu machen.

Außer den Hütten unterhält die Sektion Garmisch-Partenkirchen mehr als 200 Kilometer Bergwege und Steiganlagen. Treibende Kraft bei den frühen Leistungen war Adolf Zoeppritz, der 33 Jahre lang Vorsitzender war.

Wie die Jungfrau zum Kind kam die bergsteigerisch extrem orientierte Sektion Bayerland (München) im Wetterstein zu einer Hütte. In den neunziger Jahren wollte Leo Meiler, wohlbestallter „Bayerländer", im Wetterstein ein kleines unbewirtschaftetes Hüttlein für Bergsteiger bauen. Erst plante er, dies auf dem Hochwanner zu tun, dann in 2376 Meter Höhe auf dem Dreitorspitzgatterl. Aber der Jagdherr, der Schriftsteller Ludwig Ganghofer und die bayerischen Behörden verhielten sich ablehnend. Deshalb verhandelte man mit der Tiroler Gemeinde Leutasch, und diese erklärte sich schließlich bereit, 800 Quadratmeter Baugrund abzutreten. 1898 wurde Meilers kleine Hütte eingeweiht und der Sektion Bayerland übergeben.

Zehn Jahre später kam es zu einem kurios anmutenden Nachspiel. Ein Leutascher Bürger wollte auf dem Dreitorspitzgatterl ein Wirtshaus errichten und die Gemeinde trat den Baugrund, auf dem bereits das Bayerländer-Hüttchen stand, ein zweites Mal ab. Auf Einspruch der Sektion kam es zu einem Lokaltermin auf dem Dreitorspitzgatterl. Der Bezirksrichter von Telfs und die Herren Advokaten aus Innsbruck zeigten sich von dieser hochalpinen Gerichtsverhandlung nicht gerade begeistert, denn im Berglental lag knietief Neuschnee und droben pfiff ein eiskalter Wind.

Im Verlaufe der Verhandlung stand Aussage gegen Aussage. Also sollten die Tiroler Dickschädel ihre Schwurfinger heben. Zu einem gültigen Eid gehörte aber nach Recht und Gesetz ein Kruzifix, und ein solches fehlte. Der Richter mußte gestehen, daß man vergessen hatte, sich entsprechend auszurüsten. Da kramte ein Partenkirchner Zeuge im Hosensack und meinte: „Hoher Gerichtshof, i hab im Geldbeutel an Herrgott, a Amulett, da kunnt i aushelfen!" Der Richter unterdrückte ein Schmunzeln, legte das winzige Amulett auf den Hüttentisch und ließ die Tiroler schwören. Aus Furcht vor dem Teufel und dem Fegfeuer sagten sie nun die Wahrheit, und so kam es, daß das hohe Gericht erkannte, die Bayerländerhütte stehe zu Recht auf österreichischem Boden.

Mit zunehmendem Besuch erwies sich 1911 der Bau einer großen, bewirtschafteten Hütte als notwendig. Es erfolgten Erweiterungsbauten und 1972 die Errichtung einer Materialseilbahn. Schließlich übernahm die Sektion Garmisch-Partenkirchen die Meilerhütte. 1976/77 wurde die alte Meilerhütte vollkommen erneuert. Sie steht nun dem DAV im Sommer als Ausbildungsraum für Kletterkurse zur Verfügung und wird auch als Winterraum Besuch erhalten.

Es sind noch reine Bergsteigerunterkünfte zu nennen. Die Erinnerungshütte (2050 Meter) des Akademischen Alpenvereins München unter den Südabstürzen der Scharnitz- und Schüsselkarspitze und die ebenfalls unbewirtschaftete Arnspitzhütte (1955 Meter) der Sektion Hochland, München. Die kleine Hütte (2700 Meter) der Sektion München am Jubiläumsgrat, dem teilweise gesicherten Steig über die Höllentalspitzen, ist nur eine Notunterkunft. Dasselbe gilt von der Biwakschachtel, die unweit des Gipfels der Schüsselkarspitze errichtet wurde. Sie kann bis zu zehn Bergsteiger aufnehmen. Besonders dankbar werden Begeher der schwierigen Südanstiege sein, die in die Nacht kommen, und für die der Steilabstieg über den Westgrat und von der Wangscharte nicht mehr in Frage kommt.

Jahrzehntelang wurde auf dem Hütten- und Wegesektor erweitert, verbessert, markiert, gesichert und erschlossen, bis man erkennen mußte, daß die Aufgabe zukünftig heißt: Sich mit dem Geschaffenen begnügen und die Umwelt schützen! Das alpine Ödland soll, soweit es noch anzutreffen ist, erhalten bleiben und Domäne des Bergsteigers sein. Der große Alpenverein sollte, wie sein Vorsitzender Reinhard Sander 1979 sagte, „sich nicht als reiner Erfüllungsgehilfe des Fremdenverkehrs verstehen."

Alte Werdenfelser Bauernstube im Heimatmuseum in Partenkirchen mit Herrgottswinkel und Hinterglasbildern, Eckbank und Kommode unter einer bemalten Holzdecke. Die sehenswerten Sammlungen zeigen auch ein Mittenwalder Geigenmacherstüberl sowie vielfältige geschnitzte Volkskunst.

„Die Natur entfaltet üppige Pracht“

Wetterstein-Zitate aus fünf Jahrhunderten

Es dürfte reizvoll sein, aus einem fünf Jahrhunderte umspannenden Zeitraum Reisende, Gelehrte, Dichter und Alpinisten zu hören, was sie zum Thema „Wetterstein" kurz zu sagen hatten. Die ältesten Namen und Nachrichten waren nur trockenen Urkunden und Grenzbeschreibungen zu entnehmen, aber mit der Entdeckung der Natur und ihrer Schönheit wurde auch das Landschaftsbild immer mehr beachtet und dargestellt. Schließlich kam im Zeitalter des Alpinismus auch das Ich-Erlebnis noch zum Ausdruck. So sind diese Zitate auch Zeitdokumente.

Der Schweizer Priester Schmid, der unter dem lateinischen Namen **Felix Fabri** in Ulm predigte, war mehrmals über die Alpen gereist und dabei auch ins Werdenfelser Land gekommen. Er schrieb darüber 1480: „So heißt ein besonders hoher und steiler langer Berg Wettrach, weil er viel von Wettern heimgesucht wird. Obgleich diese Alpenberge selbst furchtbar und starrend von der Kälte des Schnees oder vom Sonnenbrand erscheinen und sich bis zu den Wolken erheben, so sind doch die Täler unter ihnen anmutig und fruchtbar und reich an allen Genüssen der Erde. Es leben Menschen und Vieh in größter Menge und fast alle Metalle, namentlich Silber, werden da gewonnen. Die Natur entfaltet solch üppige Pracht, als ob Venus, Bacchus und Ceres dort ihren Thron aufgeschlagen hätten. Nie würde ein Mensch, der die Alpen von der Ferne sieht, glauben, daß dort solche Wollust atmenden Paradiese unter dem ewigen Schnee und an den Bergen anzutreffen sind."

Johannes Turmair, 1477 als Wirtssohn in Abensberg geboren, legte sich nach diesem Ort den Gelehrtennamen Aventinus zu. Er war ein Zeitgenosse von Michelangelo, Kopernikus und Dürer. 1517 wurde er zum Hofhistoriographen berufen und schrieb die erste „Bejerische Chronica" (1566). „Nirgend lebt und liegt man besser" als in Bayern, meinte Aventinus, und in seiner „Beschreibung des Oberlands" ist zu lesen:
„Oberland liegt gegen Mittag und dem Gebirg, ist mösig, fast gehöltzig, verzeunt, verschlossen und verwart mit viel kleinen und großen Seen und schnellen Flüssen, reich an Wildenthieren, hat vil steigend Bären, Hauhendschwein

Zum Bild auf der folgenden Doppelseite: Das Wettersteingebirge mit den noch getrennten Dörfern Garmisch und Partenkirchen um 1840. Die Lithografie ist von Gustav Wilhelm Kraus, der 1804 in Passau geboren wurde und ab 1825 in München lebte. Seine zahlreichen Lithografien aus dem bayerischen Voralpenland sind topographisch und volkskundlich interessant.

und vil ander dergleichen. Die Isar, von den Römern Itargus genannt, ein fast schnell Wasser, entspringt mitten im Gebirg oberhalb Mitterwald, kaum drey Meyl von dem In, man fehret mit Flössen darauf."

Als der 37jährige **Johann Wolfgang Goethe** im Spätsommer des Jahres 1786 — eben war in den französischen Alpen der Montblanc erstmals betreten worden — von Karlsruhe zu seiner italienischen Reise aufbrach, berührte er unser Gebiet am Rande und würdigte den Reiz der Landschaft in seinem Tagebuch: Am 7. September 1786 morgens um 5 Uhr verließ er München. Der Postillon lobte das Wetter, der Wagen holperte südwärts. Nachdem Wolfratshausen passiert war, schrieb Goethe die klassischen Sätze: „Nun ging mir eine neue Welt auf. Ich näherte mich den Gebirgen." Nach 12 Stunden kam er nach Mittenwald, das er ein „Lebendiges Bilderbuch" nannte. Hier bezog er Nachtquartier. Als er am nächsten Morgen die Kutsche wieder bestieg, notierte er: „Die dunkeln, mit Fichten bewachsenen Vordergründe, die grauen Kalkfelsen dazwischen und dahinter die beschneiten höchsten Gipfel auf einem tieferen Himmelsblau, das waren köstliche, ewig abwechselnde Bilder. Bei Scharnitz kommt man ins Tirol."

In der Goethe-Zeit schaute man sich hohe Berge meist von unten an.

Adolf von Schaden, in seiner Zeit ein sehr rühriger Autor, gab 1833 in der Lindauer'schen Buchhandlung in München sein „Neuestes Taschenbuch für Reisende durch Bayerns und Tyrols Hochlande" heraus. 28 Poststunden dauerte die Reise von München bis Garmisch, damals Sitz des Landgerichts und Rentamts. Über Ausflüge ins Wettersteingebirge schrieb er:

„Südlich von Garmisch dehnt sich das Reintal zwischen steilen Felsen- und Gebirgswänden während sieben Stunden, meist in Richtung von Nordost nach Südwest, und endigt an der Zugspitze, dem höchsten Bergriesen in jener Gebirgskette, die durchs Loisachtal hinläuft. Eine Wanderung durchs Reintal bietet all jene erhabenen und wildromantischen Szenen, durch welche interessantere Gebirgsgegenden sich immerhin nur auszuzeichnen vermögen, allein man mag sich vorsehen, um im Reintale nicht von Stürmen überrascht zu werden, denn man findet in jenen Schluchten kein wirtliches Dach.

Mit bei weitem größerer Bequemlichkeit erreicht man, durch die Dörfer Ober- und Untergrainau wallend, die Ufer des lieblichen Eibsees. Dieser kleine See zeichnet sich durch mehrere freundliche Inseln mit pittoresken Baumgruppen aus und lieblichen Gebüschen und in seine klaren Fluten schauen erhaben und ernst die nahen, düsteren Bergriesen hernieder."

Adolf Schaubach, Lehrer an der Bürgerschule in Meiningen, begann 1845 mit der Arbeit an seinem fünfbändigen Werk „Die Deutschen Alpen. Ein Handbuch für Reisende." In den Jahren von 1824 bis 1847 bereiste er die Alpen elfmal und kam von Ohlstadt her auch ins Werdenfelser Land. Hier notierte er: „Wir treten jetzt in den Vorhof eines der erhabensten Tempel der Kalkalpenwelt, wo sich, wie selten, das Liebliche des Vorlandes an die großartigsten Szenen der Kalkalpen anschließt."

Zu einem Ausflug ins Reintal, schrieb Schaubach, gehöre „gutes Wetter und etwas Gebirgsrüstigkeit. Riesenwände, starr und kahl, streben zu beiden Seiten auf. Der Bach wird durch eine Schneelähne in seinem Lauf gehemmt und bildet die Blaue Grümpe, einen kleinen Eissee. Nochmals verengt sich das Tal zur wilden Schlucht, aus dieser heraustretend erschließt sich ein wunderbares, großes Amphitheater, auf dem Platt genannt."

Ludwig Steub (1812) galt als klassischer alpiner Reise- und Heimatschriftsteller. Mit seinen Werken „Aus dem Bayerischen Hochland" (1850) und „Drei Sommer in Tirol" brachte er Kunde von Land und Leuten in die Stuben der Städter und in die Salons des Adels:

„Die Giganten der Wettersteinkette sind rings durch tiefe Taleinschnitte von den anderen Alpenstöcken getrennt. Gegen Westen bricht die mauergleiche Felswand mit ihrer höchsten Kuppe, der Zugspitze, plötzlich ab und fällt jäh hinunter ins Loisachtal. Dort sind Zeugen gräßlicher Zerstörung um den hochliegenden Eibsee hergestreut. Gegen Osten schneidet das obere Isartal die Wettersteinwand von ihrem Gegengebirge, dem Karwendel, ab. Nördlich von dem ungeheuren Geschröfe breitet sich das herrliche Wiesental der Loisach aus. Lieblich und großartig zugleich ist das Bild der weiten, grasreichen Ebene, der die Riesen des Gebirges, zackig aufstarrend und in ewigen Schnee gehüllt, entsteigen. Freundliche Bilder sind im Innern des Wettersteins wenige zu schauen; aber in den Wüsteneien, an den Abgründen des Höllentals und Reintals kann der Wanderer die ganze großartige Szenerie der höchsten Alpenreviere der Schweiz und Tirols wiederfinden. Enge Felstäler, senkrechte Klüfte, welche das Zernagen durch Wasser schauerlich klar machen, alte und neue Bergstürze, hie und da ein blaugrüner Bergsee bieten unbeschreibliche Anblicke."

Der in Ruhpolding geborene **Stephan Steinberger,** später Kapuzinerpater Korbinian, war einer der ersten alpinen Alleingeher. Er machte im Rahmen seiner Bergtouren Tagesmärsche von 70 Kilometer, meldete 1854 die Erstbesteigung der Königsspitze und besuchte 1855 die Zugspitze, weil er es „schon längst als eine Art Schmach ansah, den höchsten Riesen unseres bayerischen Heimatlandes noch nicht bestiegen zu haben." Und er legte Zeugnis ab: „Zu den großartigsten Alpenrevieren gehört unstreitig die Zugspitze mit dem Kranz des Wettersteins . . . Eine Morgenwanderung durch das Rein- oder Partnachtal gehört zu den schönsten und reichsten Genüssen, welche die Welt der Alpen bieten kann. Die Natur entfaltet hier eine Wildheit und Großartigkeit, daß man sie kühn mit den gepriesensten Partien Tirols und der Schweiz vergleichen darf."

Friedrich Bodenstedt, ein „Nordlicht", Chronist der „Königsreise" Maximilians des II. von Bayern vom Bodensee bis zum Königssee im Jahre 1858, schrieb darüber ein Buch mit Bemerkungen über Höllental, Eibsee und Mittenwald:

„Bekanntlich wetteifert Mittenwald schon seit ein paar Jahrhunderten mit dem noch klangreicheren Cremona in der Kunst der Anfertigung von Geigen und wie diese gehen seine Cellos, Contrabässe, Zithern und Gitarren über die ganze musikalische Welt.

Jakob Steiner, ein begabter Bauernsohn aus dem Dorfe Absam, hat sich vor dritthalb hundert Jahren einen bedeutenden Ruf als Geigenmacher zu erwerben gewußt, und einen anderen Bauernsohn, Matthias Klotz aus Mittenwald, in das Geheimnis seiner Kunst eingeweiht.

Mittenwald hatte sich früher lange Zeit hindurch als einer der Hauptstapelplätze des Handelsverkehrs zwischen Italien und Deutschland eines behäbigen Wohlstands zu erfreuen gehabt. Der Ort verarmte aber schnell, seit der Handelszug eine andere Richtung nahm, und erst durch die Kunst von Matthias Klotz wurde neuer Wohlstand in Mittenwald gegründet."

Heinrich Noë (1835), Gründer der Alpenvereins-Sektion Mittenwald, Naturkundler und Schriftsteller, schrieb in seinem Hauptwerk, dem „Deutschen Alpenbuch" im Jahre 1875:

„Allgemach kamen wir ins Garmisch-Partenkirchner Tal. Ja, da tut es sich auf — eine Schwelle der Wunder. Durch die Wolkenlücken scheinen jetzt Schneefelder. Manchmal zupft der Bergwind an den Nebeln des Kramer, daß sie einen Augenblick vom Gipfel ablassen. Hier und dort liegt in einer Rinne ein Schneefleck, das übrige ist einförmig, grau und verwittert. Niemand kann solche Abhänge betreten; der große Schneeferner des Höllentals liegt hinter ihnen versteckt. Was diese Wände umgeben, ist eine riesige Anhäufung von Abgründen, Schnee, Wasserfällen, kleinen Seen, ein Wohnort der Wolken und der Einsamkeit.

Ein Gang zum Eibsee gehört zu einem der ansprechendsten Seebilder der Kalkalpen. Das grüne Wasser und die grauen Schrofen der Zugspitze stellen es zusammen. Man darf sich nichts dem Königssee Aehnliches vorstellen. Nur auf einer, der östlichen Seite, steigen Felsen mit Macht empor. Die übrige Umgebung grünt — Fichtenschlag und Gebirge, das niedrig aussieht, den Zacken der Zugspitze gegenüber gehalten."

Karl Stieler (1842), Sohn des Hofmalers und Schöpfers der Münchner Schönheitengalerie, Naturfreund, Kulturhistoriker und bayerischer Dichter, liebte die Berge und beschrieb sie treffend: „Den westlichen Höhepunkt der oberbayerischen Alpen bildet das Wetterstein. Kein Haupt erhebt sich höher, keine Krone trägt reicheres Felsgezack, als die seine. Hier hat die Natur wilde Arbeit getan, als sie diese Gipfel schuf. Die Berge sind trotziger und rauher als rings im Land."

Und nun die Bergsteiger! **Anton Schmid** (1888) war vor dem Weltkrieg ein eifriger und erfolgreicher Erschließer des Wettersteins. Er erinnert sich: „Wenn ich an das Wettersteingebirge denke, so steigen die kostbarsten Erinnerungen meiner Jugendzeit in mir auf. Nicht nur, daß ich dort eine Reihe von Erhebungen auf neuen Pfaden erringen oder zum ersten Male ersteigen durfte, es offenbarte sich mir dort zuerst die Großartigkeit und Wucht des Hochgebirges."

Emil Gretschmann (1893), nach dem ersten Weltkrieg hervorragender Felsgeher, schrieb in seinem Erinnerungsbuch „Lockender Fels — Leuchtender Firn": „Rein leuchten mir in der Erinnerung die Stunden, die ich in der Bergwelt des Oberreintals verbrachte. Es waren Stunden wahren, echten Bergsteigerglücks."

Felix Simon (1886), sächsischer Bergsteiger, der Erstbegeher der Monte Pelmo-Nordwand, schilderte in seinem Buch „Felstürme und Eiszinnen" eine frühe Durchkletterung der Schüsselkarspitze-Südwand und den Eindruck, den ihm das Wettersteingebirge vermittelte: „Wer nur ein wenig Sinn für die Schönheit einer Bergform besitzt, der vergißt den Anblick der Alpspitze im Wetterstein von den Vorbergen aus nicht. Der Wetterstein ist eine der schönsten Gruppen der Nördlichen Kalkalpen."

Walter Stösser (1900) aus Pforzheim gelangen schwierige Erstbegehungen in den Ost- und Westalpen. Er wußte auch im Wetterstein Bescheid: „Die Meilerhütte liegt an einem der schönsten Punkte im Wetterstein. Im Norden ziehen sich die bewaldeten Hänge des Reintals herauf bis zu den saftgrünen Matten des Schachen, im Süden liegt das unwirtliche Plattachkar mit seinen zerschründeten, von einstigen Gletschern gehobelten Felsbuckeln; zwei majestätische Pfeiler, zur Linken der Öfelekopf, zur Rechten die Leutascher Dreitorspitze, leiten den Blick hinüber über die Mieminger Berge zu den Fernern der Ötztaler und Stubaier Alpen."

Leo Maduschka (1908) beeinflußte in den dreißiger Jahren die geistigen Strömungen unter deutschsprachigen Bergsteigern und kam 1932 in der Civettawand ums Leben. Die Schüsselkarspitze-Südwand durchkletterte er zweimal. Er schrieb in „Junger Mensch im Gebirg": „Ich liebe vor allem die Südseite des Wettersteins; dort gibt es keine Unterkunftshäuser, wenig Wege, kaum Menschen und wunderschöne Wände; eine 20 Kilometer lange Mauer, wächst der Wetterstein-Hauptkamm von Westen, aus dem Zugspitzgebiet, ostwärts, bis er in jähem Abfall der Wettersteinspitzen bei Mittenwald endet — ein einziger, prachtvoller, zerschründeter Grat mit steilen Südflanken, die sich an einigen Stellen zu panzerglatten, riesigen Wandfluchten entfalten."

Richard Hechtel (1913), heute Physiker in Kalifornien, war in seiner Bergvagabundenzeit im Wetterstein zu Hause: „Wenn mir irgendeine von den vielen Berggruppen, die ich im Laufe der Jahre durchstreift und kennengelernt habe, zur Bergheimat geworden ist, so ist das zweifellos das Wetterstein. Immer wieder hat es gelockt, mehr als anderthalb Jahrzehnte hindurch bin ich freudigen Herzens seinem Ruf gefolgt und habe mich willig in seinen Bann schlagen lassen. Und noch immer hat es nichts von seinem ursprünglichen Zauberglanz für mich eingebüßt."

Hans Hintermeier, extremer Kletterer der dreißiger Jahre, Leiter der Heeresbergführer-Ausbildung in Mittenwald, und nun konsequenter Naturschützer, war stets ein Freund des Oberreintals: „Unter knorrigen Ahornbäumen im Grase liegend und ins Blaue träumend, vermeinte ich oft schon Pans Flötentöne aus einer Symphonie herauszuhören. In der Runde die zerrissene, gewaltige Felskulisse, nur Türme, Grate, Dome, bis zu 1000 Meter das Hochtal über-

ERNST PLATZ

Eine Führerpartie im Abstieg von der Zugspitze durch das Höllental. Man beachte die Seilhandhabung und die Ausrüstung. Die langstieligen Eispickel dürften kaum vorteilhaft gewesen sein. Der in München lebende Bergmaler Ernst Platz, selbst ein hervorragender Alpinist, hielt diese Szene um die Jahrhundertwende fest.

ragend. Liebliche Flora und imposante Formen treffen hier zusammen. Kein Gegensatz, sondern volle Harmonie — Ausdruck von Romantik, Geborgensein und Abenteuer."

Lassen wir noch einen Pionier des Wintersports zu Worte kommen, **Carl Josef Luther,** genannt Cil, (1882). Er war Allround-Skiläufer, Skihistoriker, Redakteur und Seele des „Winter", Erbauer der Olympiaschanze und verbrachte, fast erblindet, seinen Lebensabend in Garmisch-Partenkirchen: „Garmisch-Partenkirchen liegt im Brennpunkt wintersportlichen Erlebens im bayerischen Hochland. Die Olympischen Winterspiele 1936 haben dem Platz das letzte Gepräge sportlicher Vollendung gegeben. Mit Nachdruck stempelt der Anblick des Wettersteinkammes mit Alpspitze und Zugspitze, als naher und hoher Horizontabschluß ein unvergeßliches Erinnerungsbild. Wir stehen hier vor einem ganz großen und starken Eindruck landschaftlicher und winterlicher Schönheit. Unten, in und um die Gartenstadt Garmisch-Partenkirchen zieht uns das abwechslungsreiche und bunte Tun und Lassen einer sportlich allseitig interessierten Gesellschaft mächtig in seinen Bann. Da ereignen sich große Dinge im Skistadion, auf den rassigen Abfahrtsstrecken im Kreuzeckgebiet, am Rießersee und auf Sporteinrichtungen letzten Schliffs, die immer wieder die besten Kräfte herbeilocken.

Oben aber, am Kreuzeck, auf der Hochalm, auf dem Wank oder auf dem Zugspitzplatt, wohin uns Bergbahnen heben und rollen, da oben muß man immer wieder staunen, daß ein Winter und eine verschneite Bergwelt so schön sein und so starke Natur- und Sporterlebnisse spenden können."

Und abschließend noch zwei Literaten der Neuzeit. **Helmut Alt,** aus Schlesien stammender Journalist und Büchermacher, schrieb 1964: „Noch immer hält Garmisch-Partenkirchen was die Postkarte verspricht. Noch sind die alten Merkmale gegenwärtig: trauliche Gassen, niedere, holzgedeckte Häuser mit Lüftlmalerei an den Wänden, Kruzifixe, Bildstöcke, Marterln, Musi und Gaudi und mittendrinnen, als integrierter Bestandteil, die Gäste. Der Reiz des Ortes liegt in dem greifbaren Nebeneinander von dörflichem Idyll und hohem touristischem Komfort. Allgegenwärtig aber ist die Landschaft, des Ortes größtes Kapital. Die weißen Stirnen der Gipfel, der dunkle Tannenwald und das schimmernde Velours der Buckel- und Almwiesen ergeben einen reinen Akkord."

Zum Bild auf folgender Doppelseite: Der Waxensteinkamm. Hochwinterliche Szenerie bei Grainau. Das Wetterstein entfaltet auch und gerade im Winter seine ganze Schönheit. Nicht umsonst wird es im Winter, kaum weniger als im Sommer, auch von „Nichtskisportlern" gerne besucht.

Der Münchner Dichter **Eugen Roth** verleugnete seine Liebe zum Werdenfelser Land nicht: „Immer noch stehen die Felsen unberührt — trotz erschlossener Klammen, trotz sich mehrender Bergbahnen, trotz — ja, es sind eben zum Glück trotzige Felsen: Die Berge sind nicht umzubringen, die Wälder rauschen ewig!

Viel könnte ich davon erzählen, wie's früher war — aber wem zu Leide, wem zu Liebe? Die Entwicklung ist nicht aufzuhalten und — das wollen wir dankbar rühmen — sie zu bremsen, ja manches Schönere an die Stelle des Nur-Alten zu setzen, wird immer wieder unternommen."

Hoffen wir, daß es dabei bleibt: „Die Berge sind nicht umzubringen!"

Abschließend ein Wort zum Schaffen der Maler. Als sich die Meister der Münchner Schule den bayerischen Gebirgen zuwandten, trugen sie (vor der Fotografie) viel zum Bekanntwerden der landschaftlichen Schönheit bei. Karl Rottmann stellte 1821 seine Staffelei am Eibsee auf, Max Josef Wagenbauer malte Partenkirchen mit dem Wetterstein, Gustav Kraus schuf seine feinen Farblithos, Rudolf Reschreiter zeichnete naturgetreue Bergansichten und Panoramen für Heinrich Schwaigers ersten Wettersteinführer. Später konnte man Otto Bauriedls Farbgewitter bewundern, Karl Reisers blaue Alpspitzporträts, Otto Pippels impressionistisches Höllental und Meister E. T. Comptons Bergluft atmende Wettersteinbilder.

E. T. Compton kam 1849 in einem Londoner Vorort zur Welt. Nach der Übersiedlung seiner Familie nach Deutschland begeisterte er sich als Neunzehnjähriger am Gebirge. Er heiratete und baute sich in Feldafing am Starnberger See ein großzügiges Haus. Das Wettersteingebirge war ihm bald vertraut. 1879 bewunderten die Besucher der Internationalen Ausstellung in München sein berühmtes Gemälde „Höllental". Wie keinem anderen Maler glückte es ihm, die Atmosphäre, die Staffelung und Tiefe des Bergraumes zu erfassen. Dazu kam eine einmalige Wirklichkeitstreue. Steinitzer schrieb 1913: „Keiner der Alpinisten und Künstler der Gegenwart hat im Bilde auch nur annähernd soviel zur Erschließung der Alpen beigetragen wie Compton". Als er im März 1921 starb, waren die Farben seines letzten Gemäldes noch nicht trocken. Er hatte in seinem Testament verfügt, daß man seine Asche im Zugspitzgebiet der Erde übergeben solle.

Historie und Folklore

Graue Vorzeit

Grau ist die Vorzeit und alle Theorie, sagt man. Man weiß mehr über die Kultur der alten Ägypter und Azteken als über die ersten Menschen im Werdenfelser Land, das in der Frühzeit dicht bewaldet und stellenweise sumpfig war. Eduard Rock schrieb in seiner Chronik „Werdenfelser Land in früherer Zeit" (1934): „Wessen Volksstamm die wenigen Ureinwohner waren, die sich in dieser unwirtlichen Gegend niedergelassen hatten, ist einwandfrei nicht festzustellen. Die neuere Forschung spricht von Venetern, einem illyrischen Volksstamm, der seinen Wohnsitz im heutigen Bosnien und Dalmatien hatte. Diesen Venetern folgten keltische Volkssplitter und zwar die Vindeliker. Die Namen Liubus aha = Loisach und Isara = Isar sprechen für keltischen Ursprung. Teile dieser Vindeliker, vielleicht die Likaten, siedelten sich hier herum an oder vertrieben die früheren Bewohner. Sie waren die unmittelbaren Vorläufer der Römer".

Max Rohrer stellte sich die Vorzeit so vor: „Das obere Loisachtal war zu Zeiten der Besiedlung noch überreich an Wald, der besonders üppig und tierbewohnt den Raum zwischen Wetterstein und Karwendel erfüllte, so daß ein Jahrtausend später die Gegend vom Seefelder Sattel über das Mittenwalder Tal herauf als der Scharnitzwald bezeichnet wurde. Rodend und bauend haben jene Menschen sich eine Heimat geschaffen, die sie von Geschlecht zu Geschlecht bewahrten. Man darf annehmen, daß sie wenigstens teilweise in Dorfschaften siedelten und daß ihr Gemeingut an Wald, Feld und Berg markgenossenschaftlich verwaltet wurde, wie noch viele Jahrhunderte hernach. Sie verehrten Wetter-, Flur- und Almgottheiten und haben sicherlich manchen Zug ihres Glaubensgutes als Aberglauben, Sage und Kultgebrauch in ferne Zeiten, die letzten Reste vielleicht bis in unsere Tage gebracht."

Mit den Römern, die ja keine Analphabeten waren, begann die exakte Geschichtsschreibung.

Als die Römer frech geworden ...

zogen sie nach Deutschlands Norden, sangen einst die Studenten. Aber die Herrscher in Rom schickten nicht nur waffenstarrende Kohorten, sondern diese brachten auch cultura mit. Die Römer fanden wenig Gefallen an den hohen Gebirgen, den holperigen Wegen und den rauhen Sitten. Nicht nur Dichter wie Livius sprachen von „der Scheußlichkeit der Alpen", Furius Bibaculus ließ Jupiter die Alpen mit Schnee bespeien, und für Silius Italicus waren die Alpen eine „Abscheu erregende, vegetationslose Einöde". Und die Legionäre aus den gesegneten südlichen Gefilden fluchten lästerlich über die Strapazen der Gebirgsüberwindung. Das Augenmerk der Feldherren galt den Pässen, nicht den Gipfeln. Nachdem im Jahre 15 v. Chr. die Bewohner Rhätiens, Vindeliciens und Noricums unterworfen waren, begannen die Römer mit der planmäßigen Erschließung der Alpenübergänge.

In dem sich über 300 Kilometer erstreckenden westlichen Teil der zentralen Ostalpen standen nur zwei Pässe als Übergänge vom südlichen Mutterland in die nördliche Provinz Rhätien zur Verfügung: Über den Brenner (1371 Meter) und über den Reschenpaß (1508 Meter). Aus dem Inntal, über die Mauer der Kalkalpen, wurden wieder zwei Übergangsmöglichkeiten gefunden: Von Imst über den Fernpaß (1209 Meter) und von Innsbruck über den Seefelder Sattel (1185 Meter). Wetterstein und Mieminger Berge liegen zwischen den beiden Pässen und haben somit den Straßenverlauf bestimmt. Nachdem man von Mittenwald über den damals noch unwegsamen Kesselberg nicht nach Norden weiterzog, sondern westwärts ins Garmisch-Partenkirchner Becken und durch das Loisachtal, war das Werdenfelser Land schon früh ein bevorzugtes Durchzugsgebiet. Im allgemeinen wurde das Teilstück der vor 2000 Jahren gebauten Via Claudia über den Fernpaß als Verbindung Verona — Augsburg benützt. Der Ausbau des Saumpfades über den Brenner zur Straße erfolgte unter Septimus Severus ungefähr 200 n. Chr. Tausende von Sklaven und Gefangenen haben hier 20 Jahre lang geschuftet. Auch über die Seefelder Senke führte zunächst nur ein Saumpfad. Hier war ebenfalls Septimus Severus, der Afrikaner, Bauherr einer Militär- und Handelsstraße. An der Stelle Partenkirchens wurde eine befestigte Militärstation erbaut, das römische Partanum. Und aus alter Zeit stammt wohl auch die langgezogene Straßenzeile Partenkirchens.

Die Römer behaupteten sich fünf Jahrhunderte lang als Herren und Kulturträger, mußten aber schließlich dem Druck germanischer Völker weichen. Die zurückbleibenden Reste hießen die Walchen, daher die Namen Walchensee und Wallgau.

Die Einwanderung der Bajuwaren erfolgte in der Zeit zwischen 470 und 560. Das Werdenfelser Land erhielt die Bezeichnung Germarengau, erstmals urkundlich belegt im Jahre 772.

Erwähnt sei, daß die Porta Claudia bei Scharnitz kein römisches Relikt ist, sondern vielmehr nach der österreichischen Erzherzogin Claudia im 17. Jahrhundert benannt wurde.

Kleine Werdenfelser Chronik

2000 v.Chr.	Erste Besiedlung durch Illyrer (1922 wurde ein Steinbeil als Zeugnis aus der jüngeren Steinzeit gefunden.)
500 v.Chr.	Vermischung der Bevölkerung mit eingedrungenen Kelten.
15 v.Chr.	Die Römer beherrschen das ganze Gebiet. Partanum entsteht als Militärstation an der nach Augsburg führenden Straße. Die Römerherrschaft dauert ein halbes Jahrtausend.
763	Stiftung von Ländereien durch die adeligen Brüder Crosso und Odilo. Später erhält auch das Domkapitel von Freising durch Erbschaft Besitz. Grabungen führten 1968 bis 1972 auf dem Kirchfeld von Klais zu Resten des Benediktinerklosters von 763.
772	Erwähnung der Mutterkirche des ganzen Tales in Garmisch (Gemarescave).
803	Garmisch wird als Germareskowwe urkundlich erwähnt.
900	Domkapitel und Welfen sind Grundherren.
1080	Mittenwald wird als media silva beurkundet.
1145	Partenkirchen wird als Barthinkirche erwähnt.
1176	Kaiser Friedrich Barbarossa kommt nach Partenkirchen, um mit Heinrich dem Löwen zusammenzutreffen.
1180–83	Erbauung der Burg Werdenfels durch Otto VII., Graf von Andechs, (nach anderer Quelle 1218). Graf Berchtold I. erhielt sie zum Lehen, später kam sie in seinen Besitz.
1191	Der verschuldete Graf Welf VI., Onkel des München-Gründers Heinrich des Löwen, muß seine Güter zu Garmisch verkaufen: „Vogtey, Gericht, Grafenfutter und Waide, Gejaid und Fischwaide." Neuer Herr: Schweiker I. von Mindelberg.
1249	Schweiker II. verkauft um 250 Pfund Augsburger Münze Garmisch mit dem „Schloß Valkenstain, den Grundholden, der Vogtei, Jagd und Wäldern, samt dem Eibsee und dem Landgerichte".
1294	Graf Berchtold II. von Eschenlohe verkauft „was er noch am Eingange des Gebirges unter dem Namen einer Grafschaft Mittenwald und Partenkirchen besessen hatte: „Wür, Grave Perchtoldt, thuen kundt, daß wür die Grafschaft zu Parttenkhürchen und zu Mittenwaldt verkhauft und gegeben haben Unserem lieben Herrn Bischof Enichen zu Freisingen". Der Preis: Eine Leibrente von 5 Fuder Bozener Wein und 20 Pfund Münchner Pfennige.
1360	kommt zur Burghut auch das Pfleg- und Richteramt.
1361	Partenkirchen erhält das Marktrecht.

1407	Mittenwald erhält das Marktrecht.
1418	wird ein Bergwerk im Höllental erwähnt (Schmölz, Hammersbach) und ein Erzbergwerk bei Klais, 10 Jahre später auch in Mittenwald. Rings um das Wettersteingebirge ist bis 1860 reger Bergbau zu verzeichnen (Silber, Galmei, Blei).
1487	Venedig entschließt sich, den „Großen Markt" von Bozen nach Mittenwald zu verlegen.
1500	Werdenfels verliert die Leutasch.
1589/90	Hexenprozeß im Werdenfelser Land. Am 5. Februar 1590 werden vier unschuldige Frauen verbrannt. Beschuldigung: Sie hätten mit dem Teufel im Bunde gelebt, Vieh und Feldfrüchte verzaubert. Unkosten: „Außer der Klafter Holz, die als Scheiterhaufen verwendet wurden, und den 12 neue Ketten, worinn die Hexen verwahrt wurden, erwuchsen Unkosten in Höhe von 792 fl. und 19½ Kr.
1624	Volkszählung ergibt: In Garmisch 258 Haushaben mit 1222 Personen, in Partenkirchen 283 Haushaben mit 1286 Personen. (1845 gibt Schaubach für Garmisch 274 Häuser und 1300 Einwohner an).
1634	Post im Werdenfelser Land.
1641 und	1646 bringen die Schweden Kriegsnot.
1679	„Venediger Markt" wird von Mittenwald wieder nach Bozen verlegt.
1712/13	Kriegslasten aus dem Bayerisch-tirolischen Erbfolgekrieg.
1744	Ergebnis einer Volkszählung: Jeder 9. Werdenfelser verdient seinen Lebensunterhalt „im Ausland".
1766	wird die heutige südliche Grenze Bayerns festgelegt.
1803	kommt es durch „Reichsdeputationshauptschluß" zur Aufhebung der Bistümer. Auch das Hochstift Freising ist betroffen und kommt durch Patent vom 26.12.1802 unter die Herrschaft von Kurfürst Max Josef. Die bisherige Grafschaft Werdenfels wird zum Bayerischen Landgericht Werdenfels.
1805	Kämpfe zwischen Franzosen und Tirolern um die Festung Scharnitz.
1809	dringen die Tiroler über Mittenwald und Partenkirchen bis Murnau vor.
1827	wird das Landgericht Werdenfels erweitert um Ettal, Ober- und Unterammergau und gegen Norden bis Ohlstadt.
1860	umfaßt das Landgericht Werdenfels 16 Gemeinden, darunter drei Märkte, mit insgesamt 9465 Einwohnern.
1865	ein Großbrand in Partenkirchen vernichtet 76 Häuser samt Pfarrkirche. 94 Familien sind obdachlos.
1889	verkehrt im Anschluß an die Bahnlinie von München die Lokalbahn Murnau — Garmisch. Die neue Zeit beginnt.

Beim Dorfbrunnen in Partenkirchen um 1860. Statt Sommerfrischler sieht man hier Kühe und Pferde, die zur Tränke geführt werden. Den unveränderten Hintergrund bilden die Zugspitze und der Waxenstein über den schindelgedeckten alten Häusern. Das Motiv hielt der Landschaftsmaler J. G. Steffan fest, bevor ein Großbrand 1865 in Partenkirchen 76 Häuser und die Kirche einäscherte.

Die Bajuwaren und ihre Bräuche

Folklore ist für eine fremdenverkehrsträchtige Landschaft das, was ein Trachtenanzug für die Bewohner ist. Ludwig Steub prägte dafür das Wort „Alpenhaftigkeit". Alpenhaft sind im Erscheinungsbild des bergfernen und bergfremden Menschen die Sennerin auf der Alm und das Jodeln, Almenrausch und Edelweiß (Oadelwoaß), die Lederhose und der Adlerflaum, das Fensterln und die ledigen Kinder, Marterln und Votivtafeln, Schuhplattln und Fingerhakln und noch vieles andere.

Zur Landschaft gehört der Dialekt. Er ist etwas Gewachsenes, nichts Angelerntes. Wer Mundart spricht, der redet „wie ihm der Schnabel gewachsen ist". Im Werdenfelser Land, um Garmisch-Partenkirchen und Mittenwald, hat sich sprachliche Eigenart erhalten. Der hier gesprochene Dialekt gehört zum Südbaierischen und ist tirolisch gefärbt, während man beispielsweise in Oberau und Eschenlohe im Loisachtal und im benachbarten Krün und Wallgau bereits mittelbairisch spricht. Man sagt hier nix für nichts, die alten Mittenwalder aber sagen niacht. Der Dialekt ist wortkarger, aber farbiger als die Schriftsprache. Der Bauer ist „mundfaul"; er ersetzt häufig das Wort durch die entsprechende Gebärde.

Im 6. Jahrhundert haben Bajuwaren vom Werdenfelser Land Besitz ergriffen. Sie drangen von Böhmen her gegen die Alpen vor und ließen sich hier nieder. Der erste baierische Geschichtsschreiber Aventinus stellte ihnen 1000 Jahre später das Zeugnis aus: „Das baierische Volk ist geistlich, schlecht und gerecht, geht lauft gern kirchfarten, hat auch viel kirchfart; legt sich mer auf den ackerpau und das viech dan auf die krieg, denen es nit fast nachläuft; pleibt gern daheim, raist nit fast auß in frembde Land; trinkt ser, hat vil kinder; ist etwas unfreuntlich". Nun, die alpenländischen Bajuwaren haben seither zweifellos einiges angenommen: Anpassung, Pfiffigkeit, Erwerbssinn, Gastlichkeit, ohne das Selbstbewußtsein zu verlieren.

Und was Aventinus von den Baiern allgemein behauptete, daß sie nicht in fremde Länder reisten, traf auf die späteren Werdenfelser nicht mehr zu. Nach einer „Beschreibung sämtlicher im Auslande handelnder werdenfelsischer Untertanen beiderlei Geschlechts" aus dem Jahre 1774 befanden sich 189 Personen in Böhmen, Schlesien und Sachsen, 48 in Ungarn, 36 in Italien, 14 in Polen, fünf in Dänemark und Norwegen und eine in Spanien. Seit hundert Jahren kommen die Fremden ins Landl und die Einheimischen können gut seßhaft sein. Anno 1638 durfte kein Partenkirchner Bürger einen Fremden ohne Wissen des Rates beherbergen. Lange Zeit wurden Fremdenlisten geführt. Außer durchreisenden Händlern, Fuhrleuten und Handwerksburschen verzeichnete Garmisch in der Zeit von 1833 bis 1835 nur vier regelrechte Gäste: Eine Tänzerin, einen Philosophen, einen Arzt und einen Offizier.

Der „Höllensturz" von Franz Karner aus der Zeit nach 1760 am Schlipferhaus in Mittenwald. Die von Oberammergau kommende Lüftlmalerei an den Außenwänden der Häuser ist im ganzen Werdenfelser Land verbreitet. Besonders hübsche Fresken findet man im Geigenbauerdorf Mittenwald.

QVIS
VT
DEVS
S
Partolome

Im Umkreis des Wettersteins hatten Menschen stets eine besondere Beziehung zum Wetterablauf. Wie man im Altertum mit Pfeilen auf heranziehende Gewitterwolken schoß, so versuchte man später durch das Läuten von Kirchenglocken die Blitzgefahr abzuwenden. Wie wenig das aber nützte, bewies ein Blitzschlag in den Partenkirchner Kirchturm im Jahre 1713 (der Blitzableiter wurde von B. Franklin erst 1760 erfunden). Vier Personen wurden getötet. Trotzdem ließen die Partenkirchner nicht vom Wetterläuten ab, bis es 1806, weil es „zu den verrücktesten Gebräuchen zähle", vom Landesherren verboten wurde. Und zwar als Ruhestörung bei Androhung einer Strafe von 20 Reichstalern. Um 1860 beschloß die Obrigkeit das Läutverbot wieder aufzuheben. Die pfiffigen Partenkirchner erstrebten fortan doppelte Sicherheit: durch Wetterläuten und Anbringen von Blitzableitern.

Die Werdenfelser trachteten von jeher danach, aus ihren Häusern Schmuckstücke zu machen. Dazu trug besonders die „Lüftlmalerei" bei, der bunte Freskenschmuck auf dem weißen Kalkputz der Fassaden. Betrachten wir nur den „Husar", die 350 Jahre alte Gaststätte in Garmisch mit seinem Scheinfenster oder in dem am reichsten geschmückten Mittenwald das Neuner- oder Hornsteinerhaus; da findet man ganze Heiligenlegenden auf den Hauswänden dargestellt.

Auch die Schnitzkunst spielt eine Rolle. Von altersher lebte man in den Gebirgsorten vom Wald, vom Holz. Ehrwald lieferte beispielsweise im Jahre 1554 300 000 Faßdauben durch das Gaistal nach Innsbruck. Von der handwerklichen Tätigkeit, wie dem Faßlmachen und dem Dachschindelschneiden, wandte man sich — von Oberammergau angeeifert — auch in Garmisch und Partenkirchen der Bildschnitzerei zu. 1857 wurde die erste Lehrwerkstätte eingerichtet, 1869 eine Schnitzschule.

Den Bajuwaren sagt man angeborene Lust am Theaterspielen nach. Aus Garmisch kommt die erste Nachricht vom „Comedispielen" aus dem Jahre 1618. Bis in die Neuzeit wurden immer wieder geistliche und weltliche Stücke aufgeführt. In Partenkirchen und Mittenwald verlief die Entwicklung ähnlich. Zugstücke waren sowohl „Schinderhannes" als „Genoveva". Als die Partenkirchner 1850 ein Passionsspiel aufführten, fiel der Christusdarsteller vom Kreuz und brach sich das Nasenbein. Beim „Rassenkeller" war bei schönem Wetter oft große Theatergaudi. Das Partenkirchner Bauerntheater konnte 1972 sein achtzigjähriges Bestehen feiern.

Das Schuhplattln, so meint Hibler, entstand „aus den heftigen Abwehrbewegungen der Mäher, die in gewitterschwülen Stunden bei der Bergwiesenmahd von Bremsen stark belästigt, in konfusen Sprung- und Tanzbewegungen sich ergehen, die im Rhythmus des Landlers zum Schuhplattler geführt haben." Ob das stimmt?

Im Tanzschritt bewegen sich in der Fastnachtszeit die „Schellenrührer" von Mittenwald. Mit großen Kuhglocken, die vorne und hinten am Leibgurt befestigt sind, springen sie lärmend durch die Gassen ins Freie, um Dämonen zu vertreiben und Wachstumsgeister zu wecken. Am „unsinnigen Donnerstag", Ende Februar, ist in Garmisch-Partenkirchen Maschkeratreiben auf Straßen und in Lokalen. Wie die Schellenrührer, tragen die vermummten Burschen auch hier geschnitzte Holzmasken.

Ein Kraftsport der Gebirgler ist das Fingerhakln. In einem Trainingszentrum in Garmisch-Partenkirchen werden zentnerschwere Steine mit Fingerkraft „gelupft". Ein Experte ist der „Schalmei"-Wirt in Partenkirchen.

Bären, Wölfe und Himalaja-Edelweiß

Der moderne Zeitgenosse wird sich wundern, wenn er hört, daß es im Werdenfelser Land einmal eine Raubtierplage gegeben habe. So waren Preise für das Erlegen von Bären und Wildschweinen ausgesetzt; nach 1600 auch für Luchse und Wölfe. 1555 forderte der Pfleger Sebastian von Renching die Bürger auf, wegen der Wolfsplage diese Tiere „fleißig zusammenzuschießen".

In einem alten Jagdrecht, dem Dorfe Garmisch zugesprochen, heißt es: „Wer da jagt Gemsen, Bären, Hasen, Hühner und was er darin findet, das ist sein eigen, ohne Abgabe, wenn er eingesessen ist, mit eigenem Feuer und Rauch."

Nach Garmischer Aufzeichnungen wurden in der Zeit von 1572 bis 1715 80 Bären erlegt. Im Winter 1832 kam ein hungriger Luchs mitten ins Dorf Partenkirchen und wurde erschossen. Der letzte Bär wurde 1864 im Wettersteinwald erlegt. Der Bergführer Dengg fand 1909 im Berglental, unterhalb des Öfelekopfs, ein Bärenskelett.

Heute erinnern an diese Tiere nur noch Flurnamen. So finden wir in der Eibseegegend ein Bärenalpl, eine Bärenwiese, einen Bärenalplgrat und einen Bärenheimatkopf, beide 1600 Meter hoch. Auch bei Mittenwald gibt es eine Bärenleite.

Das Wettersteingebirge liegt in einem Staatsjagdgebiet mit Rot- und Gemswild. Murmeltiere sind auf der sonnigen Südseite seßhaft. An Federwild sind Auerhahn, Spielhahn und Schneehuhn zu nennen.

Die Gebirgseinschnitte Loisachtal — Fernpaß und Isartal — Seefelder Sattel sind Vogelzugstraßen. Man weiß, daß sich Zugvögel in klaren Nächten nach den Sternen orientieren und dabei auch Gebirgshindernisse wie den Wettersteingrat überfliegen. Bei sich eintrübendem Wetter streben sie den Scheinwerfern auf dem Kreuzeck und der Zugspitze zu. Auf der Zugspitze wurden die Singvögel Gartenrotschwanz, Grasmücke, Goldhähnchen, Wiesen- und Baumpieper beobachtet. Leider kosten die Scheinwerfer oft geblendeten Vögeln das Leben. Die in Büschen und Bäumen lebenden Vögel wie Buchfinken und Meisen fliegen gerne in Bodennähe. Eine Zuglinie der Tannenmeisen geht durch das Reintal und über das Gatterl nach Süden.

Für den Pflanzenfreund ist die Landschaft um den Schachen am interessantesten und reizvollsten. Einmal wegen der seltenen und prächtigen Zirbenbestände und dann wegen des im Jahre 1900 von Karl von Göbel, dem Direktor des Botanischen Gartens in München, gegründeten Alpengartens. Er umfaßt ein 7000 Quadratmeter großes Gelände mit rund 2000 verschiedenen Pflanzen. Hier findet man das im Wetterstein kaum mehr anzutreffende Edelweiß und Arten aus den Karpaten, Pyrenäen, dem Kaukasus und dem Himalaja. Von Juli bis September ist der Garten geöffnet und bietet während der Blütezeit einmaligen Anschauungsunterricht in großartiger Natur. Da lernt man sie alle kennen, die Gewächse und Blumen, die draußen im nicht umhegten Gelände des menschlichen Schutzes bedürfen.

Der gesetzliche Schutz ist bekanntlich vielen unserer Alpenpflanzen verbürgt, aber in der Praxis kommt es vor allem auf die Einstellung und Partnerschaft des Menschen zur Natur an. Übrigens liegt das Wettersteingebirge in einem 123 Quadratkilometer großen Landschaftsschutzgebiet. Auch das sollte man auf seinen Wanderungen bedenken und seinen Brotzeitmüll wieder mit ins Tal nehmen.

Freut euch an der Krokuswiese, an den zierlich befransten Glöckchen der Soldanellen, die blaßblau an den rötlichen Stengeln hängen. Freut euch am Rot der Alpenrosen, am Blau der Enziankelche, am Duft der Aurikeln, an Frauenschuh und Türkenbund, aber laßt sie stehen und wachsen!

Die Zugspitze – vom Geisterberg zum Modegipfel

„Zu den populärsten und beliebtesten Erdenwarzen gehört die Zugspitze", schrieb der alpine Geschichts- und Geschichtenschreiber Walter Schmidkunz. Vor 150 Jahren aber war die Zugspitze ein gemiedener Berg. 1820 kam die Kunde von der ersten Besteigung, bis 1850 gab es nur einige Menschen, die ganz hinaufgekommen waren, 1865 zählte man sechs Besteigungen. Allmählich nahm dann die Beliebtheit zu. Eine Schautafel im ehemaligen Alpinen Museum in München zeigte dies deutlich. Erfaßt war der Zeitraum von 1873 bis 1923. Die Besucherzahl begann bescheiden mit 73 und betrug 50 Jahre später 28 996. Allerdings war diese ungewöhnlich hohe Zahl von 1923 dem Deutschen Turnfest, das in München abgehalten wurde, zu verdanken, denn viele Jünger Turnvater Jahns betätigten sich in diesem Sommer als Gipfelstürmer.

Mit der Erbauung der Muskelkraft sparenden Bergbahnen kam man zwar rascher und leichter hinauf zum Gipfel, die Besucherzahlen wuchsen ins Astronomische, aber mit dem Berg Zugspitze ging es bergab — ich meine bei den Bergsteigern.

Zugspitze und Zuggeist

Nicht nur für die alten Römer waren die Alpengipfel Stätten des Grauens und Schreckens. Um 1590, als man im Werdenfelser Land noch Hexen verbrannte, dachte kein ehrsamer Christenmensch daran, aus purem Übermut auf einen der schroffen Wettersteingipfel zu steigen. Und es war verständlich, daß man sich die wilden, unzugänglichen Felsklammen des Höllen- und Reintals als Schlupfwinkel grimmiger Drachen vorstellte. Man interessierte sich damals nur für die begrünte und nutzbare Alm- und Waldregion, was darüber lag, galt als steriles und gefahrenträchtiges Ödland.

Noch am Beginn des 19. Jahrhunderts glaubten die Menschen im Landgericht Werdenfels, daß auf „dem Zugspitz" ein menschenfeindlicher Geist sein Unwesen treibe und jeden in die Abgründe stürzen würde, der freventlich in sein Revier eindringe: der Zuggeist! Und wenn die Unwetter sich bleigrau und schwefelgelb über dem Waxenstein und dem Zugspitz zusammenzogen, dann dachten sich die Leute im Tal, der Zuggeist sei wieder einmal voller Gift und Galle und man läutete zur Abwehr eifrig und gläubig die Wetterglocken. Auch wenn die Sonne wieder freundlich über dem Wetterstein strahlte, blieb man unten, denn reizen wollte man den Zuggeist bei Gott nicht.

Man gebrauchte damals kaum Namen für die einzelnen Gipfel, der Sammelbegriff Wetterstein genügte. Erstmals finden wir den Namen der höchsten Erhebung in einer Grenzbeschreibung aus dem Jahre 1590: „Von dem Zugspitz und über den Derle". In einem Grenzvertrag von 1656 ist zu lesen: „Der höchste Wetterstain oder Zugspitz". Aus dem alt- oder mittelhochdeutschen „der Spitz" hat sich hochdeutsch „die Spitze" entwickelt. Der berühmte bayerische Sprachforscher Johann Andreas Schmeller schrieb 1827 in seinem hochgeschätzten Wörterbuch: „Der Zugspitz, der höchste der bayerischen Schneeberge im Gesichtskreis von München."

Über die Herkunft des Namens wurden verschiedene Meinungen und Deutungen bekannt. Man brachte ihn sogar mit dem alten Sonnengott Toig in Zusammenhang. Wolf Arnim von Reitzenstein kam 1965 zu dem Ergebnis, daß der Name von Flurbezeichnungen auf der Eibsee-Seite abgeleitet wurde: Hier gibt es Zug, Zuggasse, Zugstick, Zugmösel und Zugwankl. Reitzenstein schreibt: „Die höchste Erhebung über diesem von Lawinenbahnen durchzogenem Gelände wär dann der Zugspitz."

Jäger oder Lieutenant?

„Der erste Bezwinger der Zugspitze war keiner von den Einheimischen aus Partenkirchen oder Garmisch, Lermoos oder Ehrwald, sie alle hüteten sich wohl vor dem Berge, wo der Zuggeist hauste, der jeden vor dem Vordringen zu den lichten Höhen abschreckte. Ein Fremder war es, der den Fuß auf ihren Scheitel setzte." Das schrieb M. von Prielmayer 1893 im Standardwerk „Die Erschließung der Ostalpen", und er nannte auch den Namen: Lieutenant Karl Naus. Nur hieß der Gipfelstürmer in Uniform nicht Karl, wie es die späteren Geschichtsabschreiber hartnäckig übernahmen, sondern Josef. Dabei hatte Max Krieger in seiner 1884 erschienenen „Geschichte der Zugspitz-Besteigungen" den Vornamen Josef richtig angegeben.

Ein Indiz, daß vor dem Lieutenant Naus der Zugspitzgipfel schon erreicht wurde, ist eine handgezeichnete, kolorierte Karte aus der Zeit um 1780, nach anderer Quelle um 1750. Walter Schmidkunz schrieb darüber: „Eine simple Karte, die irgendein Werdenfelser Revierförster ums Jahr 1780 mit knabenhaftem Pinsel aufmalte: eine Wettersteinkarte!" Über die primitive Malerei hinaus sind zwei Tatsachen wichtig: Die enorme Detailkenntnis des Gebirges (es sind 47 Örtlichkeiten eingetragen) und die genauen Zeitangaben. Da liest man wie auf einer Orientierungstafel für Touristen: „Beschreibung des Reinthals vom Reinthaller Hauß biß uf dem Anger.

Von Erstgemelten Reinthaller Hauß bis zum hindern Clämel	1 Stundt
Von disem Clämel bis zum Pockhüttl	¾ Stundt
Von diesen Hüttl bis zur Rauschhütten	1 Stundt
Von der Hütten bis zum Fall Clämel	1 Stundt
Von diesen Clämel bis ufn Anger	¾ Stundt
Von solchen ybers blath uf Zugspitz	4 Stundt
	macht 8½ Stundt."

Und da findet man eine gestrichelte Linie übers Platt zum Gatterl (hier Törle genannt) und zum Zugspitz und die Bezeichnung „Weeg" oder „Gangsteig". Man darf wohl annehmen, daß es sich nicht um Hirngespinste eines Jägers handelte, sondern daß die Zeitangabe „ybers blath ufn Zugspitz" 4 Stunden auf Erfahrung beruhte. So ist es nicht auszuschließen, daß doch ein Einheimischer, ein Jäger oder Förster, vor dem Lieutenant Naus die Zugspitze erstiegen hat. Wir werden noch sehen, daß bei der Früherschließung des Wettersteingebirges Werdenfelser Jagdpersonal und Viehhirten eine wesentliche Rolle gespielt haben.

Damit soll der Lieutenant Josef Naus beileibe nicht degradiert werden, aber es kann doch sein, daß im Falle Zugspitze die Jäger schneller geschossen haben als die Soldaten. Trotzdem darf Naus auch weiterhin als der erste namentlich bekannte Zugspitzersteiger gelten. Und auch die Namen seiner Begleiter, Maier und Deuschl, sollen des Ruhmes teilhaftig bleiben.

Aus dem Tagebuch des Lieutenants Naus

Zum Bild auf folgender Doppelseite: Grenzenlos scheint die Sicht an klaren Tagen vom Ostgipfel der Zugspitze zu sein. Links kommt der Jubiläumsgrat herauf. Über dem Gipfelkreuz erkennt man die Partenkirchner, rechts davon die Leutascher Dreitorspitze. Hinter dem verschneiten Karwendel schimmern die vergletscherten Zentralalpen.

Josef Naus war mehrere Sommer im Auftrag des Topographischen Büros mit kartographischen Arbeiten im Karwendel und Wetterstein tätig. Von ihm stammt das Blatt Werdenfels des topographischen Atlas von Bayern 1:50000. Auf diesem ist vermerkt: „Terrainaufnahme und Terrainzeichnung von Oberlieutenant Naus 1826". Und die Höhe des Berges hatte man damals auch schon berechnet: „9099 Pariser Fuß über dem Pflaster der Frauenkirche in München". 1820 hatte Naus noch einen Stern weniger am Kragen. Am 26. August kam er mit Hauptmann von Jetze, Lieutenant Anlitschek, dem Offiziersburschen und Meßgehilfen Maier und Johann Georg Deuschl aus Partenkirchen durch das Reintal zur Angerhütte. Hier verbrachten die Männer eine unruhige Nacht.

Naus schrieb mit Bleistift in sein Tagebuch:

„Vom Schlaf war keine Rede; ich wurde in der Hirtenhütte von einer Menge Flöhe dergestalt gemartert, daß ich wachend am Feuer die halbe Nacht mit Tödtung derselben zubringen mußte. Endlich reterirte ich mich unter freiem Himmel und schützte mich mit dem Regendach vor dem Regen.

Am 27. August früh 4 Uhr wurde von der verwünschten Flohhütte aufgebrochen und über das Platt und den Schneeferner bis an die Grenze hinter dem Zugspitz, von wo man nach Ehrwald, Lermoos usw. hinabsieht, vorgedrungen; hier wurde der erste Versuch gemacht, den Zugspitz zu besteigen, der aber mißlang.

Hauptmann von Jeetze und Lieutenant Anlitscheck traten dann den Rückweg an, ich aber wagte einen abermaligen Versuch, der endlich nach mehrfachen Lebensgefahren und außerordentlichen Mühen gelang.

Nach 1¾ Stunden erreichten wir — ich, mein Bedienter und unser Führer Deuschl — um ¾12 Uhr die höchste Spitze des noch von keinem Menschen bestiegenen, so verschrieenen Zugspitzes.

Mangel an Zeit und Material verhinderten uns, eine Pyramide zu errichten, nur ein kurzer Bergstock mit einem daran befestigten Sacktuch diente zum Beweise, daß wir dagewesen. Schon nach fünf Minuten wurden wir von einem Donnerwetter mit Schauer und Schneegestöber begrüßt, und mußten unter größten Gefahren die Höhen verlassen; gerade soviel Ausblick gestatteten die einfallenden Wolken, daß ich mich überzeugen konnte, die höchste Spitze erreicht zu haben.

Kaum 10 bis 12 Schritte von der Spitze entfernt betäubte uns ein Blitz und ein zu gleicher Zeit erfolgter Donnerschlag derart, daß wir glaubten, alle Berge müßten zusammenstürzen!

Ich wollte mich vor den hinter uns nachkommenden, von der Erschütterung losgewordenen Steinen hinter einer kleinen Felsenwand retten, gab aber bald den vernünftigen Vorstellungen meines Führers nach, welcher mir die immer mehr wachsende Gefahr des Abwärtssteigens durch stark fallenden Schnee schilderte und bequemte mich weiterzugehen.

Unsere beim Hinansteigen gezeigte Vorsicht, den genommenen Weg, mittelst aufeinander gelegter Steine zu markieren, kam uns bei der plötzlich eingetretenen starken Dunkelheit, die uns kaum vier Schritte vorwärts sehen ließ, sehr zu statten. Unser Weg führte uns nun durch eine Klamm, innerhalb welcher man eine Wand von ungefähr 14 Fuß abspringen und dann eine noch viel größere Distance auf hartem Schnee von mindestens 50 Grad Neigung abfahren mußte; es galt dabei unten auf einem zwei Quadratfuß Fläche bietenden Vorsprung einzutreffen.

Was diese Gefahr noch vermehrte, war der Umstand, daß sich das Regenwasser in dieser Rinne anhäufte, uns keinen rechten Tritt bemerken ließ, ja sogar an mehreren Stellen uns über Kopf und Rückgrat abstürzte. Endlich mußten wir am südlichen Fuße des Zugspitzes, am Anfange des Schneeferners noch eine der gefährlichsten Passagen machen. Eine Art von Schneebrücke, die — einen Fuß dick, einen breit und mehrere lang — über die Schlucht zwischen Wand und Ferner führte.

Kein anderer Ausweg war übrig als sich diesem schwachen Gewölbe anzuvertrauen, und glücklich ging der Übergang von statten. So gelangten wir um ¾2 Uhr auf den Schneeferner und setzten unseren Marsch über diesen und das Platt eiligst fort; um drei Uhr traf ich meine Freunde und Reisegefährten am Anger im Floh-Hüttchen wieder. Um so angenehmer war das Wiedersehen, als ich mehrmals daran gezweifelt hatte, mein Leben erhalten zu können."

Der Führer Deuschl erhielt für diese Erstbesteigung als Lohn 2 Gulden und 42 Kreuzer.

Im Werdenfelser Land wurde der Gipfelsieger weder mit Freudenfeuer und Trompeten noch mit Hurrageschrei empfangen. Man hielt vielmehr die Nachricht von der Zugspitzbesteigung für pure Aufschneiderei. Der Chronist Georg Blab begründete dies so: „Man hatte mehr zu denken und zu reden. Da gab es Eier- und Fleischpreise, Bierpreise, Pariser Kleidermoden, Stadtzölle, Klatschgeschichten vom Fürstenhof usw." O gute alte Zeit! Wen interessierte da der Zugspitz?

In den „Bayerischen Annalen" war ein Jahrzehnt nach der Besteigung noch zu lesen: „Schon manche, und darunter die verwegensten Gemsjäger, hatten die Zinnen des Zugspitzes zu erklimmen versucht, alle aber waren nicht weitergekommen als bis auf deren ersten Kopf am Ende des Schneeferners; wie sie hier die nackten Spitzen fast pfeilgerade in die Höhe ragen sahen, sank allen der Mut und jung und alt erzählte es sich als eine Unmöglichkeit, auf diese Spitzen zu gelangen."

Inzwischen war im Jahre 1823 die Zugspitze bereits ein weiteres Mal erstiegen worden. Naus erlebte es in München, wie sein Berg immer mehr an Beliebtheit gewann. Er ließ sich einen martialischen Schnauzbart wachsen, brachte es im königlich bayerischen Heer bis zum Generalmajor und starb in Ehren im Jahre 1871, in dem im Verlaufe weniger Wochen 70 Touristen auf seinem Zugspitzgipfel ein Hoch auf das deutsche Vaterland ausriefen.

Übrigens: Erst ab 1871 kam die Zugspitze zu der Ehre die erhabenste Zinne des eben gegründeten Deutschen Reiches zu sein. Bis ins 16. Jahrhundert gehörte Savoyen mit dem Montblanc zum Reich und war der „weiße Berg" dessen höchster Gipfel.

Die drei nächsten Besteigungen

Drei Jahre nach der Erstlingstour des Josef Naus wagte sich Simon Resch aus Partenkirchen ins Reich des Zuggeistes. Es begleitete ihn ein Tiroler, der Schafl-Toni von Telfs, der an der Blauen Gumpe im Reintal das Vieh hütete. Die beiden erreichten als erste den Ostgipfel und der Maurermeister errichtete eine respektable Steinpyramide. Diese hatte Georg Deuschl, Teilnehmer der Naus-Tour, beim Schafsuchen vom Platt aus gesehen. Und obwohl er es auf Ehr' und Gewissen beschwor, glaubte man in den Wirtshäusern von Garmisch und Partenkirchen nicht an das gelungene Wagnis des Simon Resch. Vielmehr lästerte man über den Sprüchemacher.

Als ihm dies zu lästig wurde, stieg er im Herbst 1834 ein zweitesmal hinauf und nahm seinen fünfzehnjährigen Sohn, den Hansl, mit. Dabei war auch Johann Barth, vulgo Hanni, der sogar mit einem Seil umzugehen wußte. Er darf als der erste Zugspitz-Führer gelten. Auf dem Gipfel verbrannten die Männer Pechklumpen und sogar ihre Schneuztücher, um Rauch zu erzeugen. Diesmal hatte Resch das Glück, daß ein Zeuge, A. Hibler von Kainzenbad, die gelungene Besteigung bezeugte. Dies wurde sogar in den „Bayerischen Annalen" vom 7. Oktober 1834 veröffentlicht.

Neun Tage nach dieser Zugspitz-Tour kam Hanni wieder, und zwar mit dem „für Vaterlandskunde und Naturgeschichte begeisterten Forstgehülfen" Franz Oberst, seinem Kollegen Schwepfinger sowie Vater und Sohn Resch. Diese blieben auf dem Schneeferner zurück, während die beiden Grünröcke weiterstiegen und von Hanni im steilen Geschröfe am Seil gesichert wurden. Die Route wurde mit roten Farbkreuzen auf den Felsen markiert. Nach einigen Mühen und Fährlichkeiten standen die Männer „auf einem kegelförmigen Kopfe, der nur eine sehr beschränkte Fläche darbietet." Oberst notierte die markanten Punkte der Aussicht. Was die ferne Augenweide betrifft, tat er das mit etwas viel Phantasie. So entdeckte er angeblich den Gotthard, die Jungfrau und „den Gebieter unserer europäischen Hochalpen, den ehrwürdigen Montblanc". Er zweifelte nicht daran, mit einem guten Fernglas „die Ufer des Rheins bis gegen Straßburg zu erspähen" und die Gewässer vom Bodensee bis zum Chiemsee. Nun ja, Forstgehilfen verfügen gewiß über scharfe Augen, aber sie sind auch mit Jägerlatein vertraut!

Die Blaue Gumpe unter der 1400 Meter hohen Hochwanner-Nordwand im hintersten Reintal gehört zu den landschaftlich reizvollsten Plätzen im Wetterstein. Wirkungsvolle Hintergrundkulisse ist die Plattspitze, 2679 m. Am kleinen, seichten See vorbei führt der lange Zugspitzweg über die Reintalanger- und Knorrhütte.

Die Gipfelörtlichkeit muß der gewiß schwindelfreie Oberst als schauerlich empfunden haben, denn er notierte: „Würde ein Mensch auf der Spitze fallen, so würde er unrettbar in die tiefsten Abgründe hinabrollen und zerschmettert daselbst sein Grab finden, oder den Raubvögeln zur Beute werden." Schließlich wurde eine Fahne aufgepflanzt und dem „ganzen königlichen Hause aus tiefer Brust ein herzliches Lebehoch" dargebracht. Ja, eine Zugspitzbesteigung war damals noch eine vaterländische Tat!

„Von heftigem Froste getrieben" verließen die Männer gegen 9 Uhr den Gipfel und abends trafen sie rechtschaffen ermüdet in Partenkirchen ein, wo ihnen Freunde bestätigten, die Fahne auf dem Zugspitz gesehen zu haben.

„Wenn mir", schrieb Oberst am Ende seines Berichts, „Gesundheit und Kraft bleiben, so habe ich mit dem erstenmale nicht auch zum letztenmale den höchsten Punkt unseres geliebten Vaterlandes betreten."

Der wackere Forstgehilfe Oberst war immer noch nicht ganz überzeugt, daß Simon Resch 1823, also vor ihm, auf dem Ostgipfel gewesen war. Er traute die Tat eher dem verwegenen Barth-Hanni zu. Und so gab es damals schon einen Federstreit in den bayerischen Zeitungen. Was später Matterhorn und Eiger-Nordwand an Sensationen zu bieten hatten, das vermochte in der Biedermeierzeit der Zugspitz hoch überm Werdenfelser Land.

Aufbruch
zur fünften Zugspitz-Besteigung 1835.

Aus dem Bericht des Kreisphysikus Dr. Einsele

Schon elf Monate später war Franz Oberst, jetzt Forstwart in Farchant, wieder zu einer Besteigung der Zugspitze bereit. Außer ihm nahmen an der Expedition teil: Hanni Barth aus Partenkirchen als Führer, der Söldner Urban aus Farchant als Träger, der Forstgehilfe Sartori aus Garmisch und schließlich, als Hauptperson, Dr. Einsele, königlicher Kreisphysikus in Berchtesgaden, ein des Lateins und der botanischen Wissenschaften kundiger Mann. Und Oberst wollte diesmal nicht auf seinem Dachshund Diana verzichten.

Über diese fünfte Zugspitz-Besteigung berichtete Dr. Einsele, allerdings erst 1846, im „Deutschen Hausbuch" und der Herausgeber, Guido Görres, schrieb ein Vorwort. Kaspar Braun zeichnete amüsante Illustrationen zu dieser ersten Zugspitz-Reportage (vergleiche Seite 30).

Am 20. August 1835, mittags 12 Uhr, brach die Expedition von Garmisch auf. Es war ein schwüler, gewitteriger Tag, und ein langer Weg bis zur Angerhütte stand bevor. Am Partnachfall erinnerte sich Dr. Einsele, daß er vor Jahren schon einmal hier gewesen war. Botanisierend verbrachte er den Abend im Krummholz. Man stärkte sich an einem deftigen Schmarren und schlief auf frisch gehauenen Fichtenzweigen. „Ein hörbarer Schlummer", meinte der Doktor wegen der schnarchenden Genossen. Um 1 Uhr Wecken und Schokoladesuppe. Verdrossener Aufbruch mit einer dreiteiligen, 9 Fuß langen Fahnenstange, einem Fraunhofer-Fernrohr, Barometer und bergsteigerischem Gerät wie Seil und Steigeisen. Hanni lief in der sternlosen Nacht mit einem brennenden Spanbund voraus. Beim „letzten Wasser", dem Platz der heutigen Knorrhütte, rastete man, bis es heller wurde. Vor dem Weiterweg schnallten die Männer die Fußeisen an, nur Dr. Einsele begnügte sich auch auf dem Schneeferner mit seinem Bergstock. Nach Überwindung der Randkluft begann die Kraxelei.

Einsele: „Hier fängt der schlimmste Teil der Reise an. Steil, fast senkrecht und völlig kahl steigen die Wände empor. Bald links, bald rechts in den wüsten Furchen, die frühere Revolutionen und das rastlose Nagen der Jahrhunderte allenthalben hineingearbeitet haben, und welche die Abzugskanäle für das Getrümm der fort und fort abwitternden Felsen bilden, zwängt man sich mit pochendem Herzen empor . . .

Die Situation empfand Dr. Einsele als „fürchterlich". Er kletterte in Socken, die anderen kratzten mit Steigeisen im Gefels herum. Hanni sprang wie eine Gemse aufwärts und reichte den Nachkommenden von oben hilfreich die Hand. Auf Seilsicherung wurde im Aufstieg verzichtet. Am Grat machte der Träger Urban schlapp und blieb zurück. Über eine scharfe Schneeschneide wurde geritten, nur Hanni „balanzierte wie ein Seiltänzer" hinüber. Auf dem

Gipfel nahm der ziemlich angegriffene Dr. Einsele Hoffmannstropfen, die anderen bemühten sich, die Stange aufzustellen und bald flatterte eine 16 Quadratmeter große rote Fahne im Gipfelwind. Und das im Königreich Bayern! Während des nur halbstündigen Aufenthaltes machte man Messungen mit Barometer und Thermometer, bis heranziehendes Gewölk zum Aufbruch drängte.

Einsele: „Endlich das gefürchtete Klamml! Ich wüßte nicht, wie man da ohne Hilfe hinabkommen könnte. In den senkrechten Schlund stiegen wir mittels des Seiles, das sich einer nach dem anderen fest um den Leib band, und welches Hanni, gegen den Felsen gestemmt, von oben mit starker Hand hielt . . ."

Als man schließlich auch die Randkluft überwunden hatte und wieder auf dem Schneeferner stand, betete Urban dankbar ein Vaterunser. Und hier wartete auch Diana, die Hündin, auf ihren Herrn. Abfahrend ging es dann über den Schnee und im Geleit von 200 blökenden Schafen zum „letzten Wasser". Es folgte der Abstieg zur Angerhütte und der Marsch durch das Reintal zum Reintaler Hof, wo man den Zugspitzdurst mit gutem Ettaler Bier löschte.

Schlußbemerkung: Dr. Einsele ist am 3. Februar 1870 als königlicher Gerichtsarzt in Murnau gestorben.

Als nächster peilte ein Österreicher die Zugspitze an. Es war der Trigonometer Josef Feuerstein von der „k.u.k. Grenzregulierungs-Hof-Commission", die von 1836 bis 1850 mit der Vermessung der Grenze zwischen Bayern und Tirol beschäftigt war. Feuerstein kam 1838 von der Tiroler Seite, begleitet vom Führer Josef Sonnweber, den man „Ruß" nannte. Es ist nicht bekannt, ob die beiden den Weg durch das Schneekar oder über das Gatterl wählten. Auf dem Westgipfel hinterließen sie eine Signalstange mit Jahrzahl und den eingebrannten Initialen.

Im August 1843 organisierte der Partenkirchner Forstmeister Albert Schultze wieder eine Zugspitz-Expedition, wie es hieß, „zur sicheren Auskundschaftung des Weges in Folge höheren Auftrags". Es liebäugelte nämlich Kronprinzessin Marie, die spätere Königin, mit dem höchsten bayerischen Berg. Von den zwölf Kundschaftern erreichten acht den Westgipfel und dokumentierten ihre Anwesenheit mit roter Ölfarbe. Der bergbegeisterten Kronprinzessin wurde wegen „der schauervollen Passagen" alleruntertänigst von einer Zugspitztour abgeraten.

Die Kreuzerrichtung

Nun war es allmählich an der Zeit, die Zugspitze mit einem soliden Metallkreuz zu versehen, wie es „auf vielen unserer vaterländischen Gebirgshöhen" üblich war. Und zwar sollte es feuervergoldet sein, wie der Wetterhahn auf einer Kirchturmspitze.

Initiator war Christoph Ott, Pfarrer und meteorologischer Observator auf dem Hohenpeißenberg. Es ärgerte ihn täglich, wenn er durch das Fernrohr nach Süden schaute, „daß der erste Fürst der bayerischen Gebirgswelt, der Zugspitz, des würdevollen Schmuckes durch ein Kreuz entbehren sollte." Es wurde beschlossen, eine Subskription zu eröffnen, die „durch die Munificenz Ihrer Majestät, der Königin Marie, einen erfreulichen Anklang fand." Und auch König Max äußerte sich bei einer Audienz in Hohenschwangau „sehr wohlgefällig über das Unternehmen." So wurde denn ein „Zugspitz-Comité" gegründet, das auch die Unterhaltung der Zugangswege übernehmen wollte. Handwerker in Schongau fertigten das Kreuz an. Es war drei Zentner schwer und in 28 Teile zerlegbar und kostete 443 Gulden 10 Kreuzer. Dazu sollten noch 167 Gulden 26 Kreuzer kommen für die „Zugspitz-Expedition zur Errichtung eines vergoldeten Eisen-Cylinder-Kreuzes am 11., 12. und 13. August 1851". Unter diesem Titel veröffentlichte Pfarrer Ott im gleichen Jahr eine kleine Schrift bei Christian Kaiser in München. Der Aufbruch mit dem Kreuz erfolgte

Errichtung eines vergoldeten Eisenzylinderkreuzes auf dem westlichen Zugspitzgipfel. (Aus der von Christoph Ott 1851 herausgegebenen Schrift.)

Abendstimmung auf dem Westgipfel der Zugspitze, oft als höchste Baustelle der Bundesrepublik geschmäht. Licht, Schatten und Farbe verbrämen das Münchner Haus und den Turm der meteorologischen Station mit einem Schimmer von Romantik.

am 4. August vom Hohenpeißenberg unter Jubel und Böllerschüssen. Zwei Tage später wurde das Kreuz bis zum 10. August im Forstamtsgarten von Partenkirchen zur Schau gestellt. Die Mannschaft bestand aus 28 Teilnehmern und war begleitet von drei Hunden, Morl, Schnauzl und Di. Der Forstwart Karl Kiendl von Graseck führte das Kommando. 19 Träger übernahmen die Lasten. Abends kam die Karawane zur Angerhütte, die aber nicht allen Platz zur Nächtigung bot. Deshalb gab es ein Biwak am prasselnden Feuer.

Bei Fackellicht erfolgte der Aufbruch und schon um 9 Uhr erreichte der ganze Trupp den Westgipfel. Eigentlich war das Kreuz für den Ostgipfel bestimmt gewesen, aber die Träger weigerten sich, mit den Lasten über den exponierten Grat zu gehen. Das Bohren eines Loches ins harte Gestein und das Aufstellen des Kreuzes erwies sich als Schwerarbeit. Am Nachmittag war das Werk vollendet. Über Fels und erweichten Schnee rückten die Männer ab und übernachteten noch einmal am Anger. Nur einer fehlte, der 29. Mann, der Forstgehilfe Michael Baur von Farchant.

Der Pfarrer von Huglfing stieg auf den Pegasus und reimte ein langes Gedicht:

> Und dieses Kreuz, frisch aufgesteckt
> von Männern ohne Furcht und Grauen,
> auf Felsen, die nur Schnee bedeckt,
> begeistere zu Gottvertrauen.

Das Kreuz wurde durch Blitzschläge immer wieder beschädigt, so daß es 1881 abgetragen und zur Reparatur nach München geschickt werden mußte. Am 25. August 1882 kam es dann zum zweitenmal zu einer Kreuzaufstellung auf der Zugspitze.

Eine Parforce-Tour

Doch zurück zu dem Forstgehilfen Michael Baur aus Farchant! Er war 25 Jahre alt, Ettal sein Geburtsort, und hatte sich als 29. Mann zur Kreuz-Expedition angemeldet. Da ihm aber am 11. August 1851 das Wetter ungünstig schien, hängte er seinen Stutzen um und stieg ins Revier. Mit einem erlegten Rehbock kam er um 17.30 Uhr heim nach Farchant und erfuhr hier zu seinem Verdruß, daß die Kreuzträger bereits am Vormittag um 9.30 Uhr in Partenkirchen abmarschiert waren.

Aber der Michael Baur, der den ganzen Tag auf den Beinen gewesen war, gab sich nicht geschlagen. Von seinem Hund Di begleitet, begann er um 19.30 Uhr seinen großartigen Marathonlauf von Farchant nach Partenkirchen und durch das Reintal zur Angerhütte! Um Mitternacht überraschte er hier seine Kameraden mit den Vorbereitungen für den Weiterweg. Sie fragten, ob er denn müde sei, der Michel. Der lachte nur, stieg mit den anderen zum Schneeferner hinauf und erreichte als Erster den Gipfel. Er wartete die Kreuzaufstellung nicht vollends ab, sondern verließ schon mittags die Gipfelmannschaft, um einen verwegenen Plan zu verwirklichen. Über die steilen, ihm unbekannten Wände wollte er hinabsteigen ins Schneekar und zum Eibsee. Das hatte bisher noch niemand gewagt. Pfarrer Ott nannte es „ein Wagnis sonder gleichen, ein Non plus ultra ohne alle Übertreibung".

Der Mann aus Farchant packte seinen Hund in den Rucksack, hängte den Doppelstutzen um und begann abwärts zu klettern. Ohne Seil und Mauerhaken! Und Schwindel kannte er nicht, der Baur-Michael. Einmal trennte ihn eine 18 bis 20 Fuß hohe Felswand von einem Schneeabsatz. Senkrecht und scheinbar grifflos brach sie ab. Erst warf er den Hund hinunter, dann sein Gewehr und schließlich wagte er selbst den Sprung in die Tiefe. Er überstand ihn schadlos, aber nun war ihm der Rückweg abgeschnitten. Noch manches Abenteuer mußte bestanden werden, bis Mann und Hund in Sicherheit waren. Bei den „Thörlen" kamen einige Ehrwalder des Weges, die sich über den Abstieg des Jägers nicht genug wundern konnten. Um 16 Uhr gab es endlich in Obergrainau die wohlverdiente Rast.

40 Jahre später schrieb M. von Prielmayer in seiner Wetterstein-Monographie: „Das Ganze war eine Bravourleistung, die noch nicht übertroffen wurde."

Die Zeit der langen Märsche

Nach der Mitte des vorigen Jahrhunderts kam für die Münchner Zugspitzersteiger die Zeit der langen Märsche. Und es gab eine neumodische Freizeitbetätigung: Das Turnen. Die zopfige Obrigkeit hielt damals nicht viel von außermilitärischem Leibesdrill, denn unter den vier „F" der Turner stand eines für Freiheit. Deshalb marschierten die Turner gerne aus den Städten hinaus in die freie Natur. Das machten im Jahre 1853 auch fünf junge Münchner mit mageren Geldbeuteln, aber strammen Wadeln.

Georg Blab überlieferte uns ihre Geschichte: Es gab auf dem Münchner Marsfeld bereits einen Bahnhof, aber der Schienenstrang führte westwärts nach Augsburg, nicht ins Gebirge. Die Turner mußten deshalb bereits nach 7 Kilometern, in Pasing, den Eisenbahnzug schon wieder verlassen. Die erste Nacht verbrachten sie in Mühltal, die zweite in Weilheim, die dritte und einen Rasttag in Garmisch. Nachdem sie das Reintal durchwandert hatten, führte sie ein Hirte namens Peter Gapp über den Schneeferner, die „böse Sandreiße" und den „Kamin" auf den Westgipfel. Als Beweis ihrer Tat befestigten sie am

Gipfelkreuz ein Kupferschild mit den turnerischen vier F, die hier oben kein Polizist beanstanden konnte.

Munter marschierten die fünf Männer durch die Jachenau und über Tölz wieder heim nach München. Für die Zwölf-Tage-Reise entfielen auf jeden Turner Ausgaben in Höhe von etwa 12 Gulden.

In der Postkutschenzeit

Im Jahr 1833 erschien in der Lindauer'schen Buchhandlung in München ein „Neuestes Taschenbuch für Reisende durch Bayern und Tyrol" von Adolph von Schaden. Ein bekannter Autor! Ein Slogan jener Zeit war: „Durch Schaden wird man klug."

In Schadens Reisehandbuch ist zu lesen: „Partenkirchen. Dieser Markt, 28 Poststunden von München entfernt und allgemeinem Vorgeben nach das alte Parthanum oder Partenum der Römer, ist eine Poststation und zählt in 210 Häusern mehr als tausend Einwohner."

Also 28 Poststunden — eine große Reise! Heute eine Autostunde. Aber damals mußte die Zugspitze einem Münchner wirklich eine Reise wert sein.

Sogar 1871 spielte die Postkutsche als Verkehrsmittel noch eine Rolle. Dies geht aus einem Bericht über eine Rekordtour von Heinrich Waitzenbauer hervor:

„Waitzenbauer verließ am 14. Oktober Abends 6¾ Uhr München, traf — von Weilheim aus mittels Stellwagen — um 5 Uhr morgens in Partenkirchen ein, wo schon Koser-Hans bereitstand, erreichte um 10 Uhr 40 Minuten die Knorrhütte, wo eine Stunde Rast gemacht wurde und befand sich um 2 Uhr 20 Minuten auf dem Gipfel. Nach einstündigem Aufenthalt Rückweg, vom Hinteren Anger aus mit Laterne marschiert, um 9 Uhr 45 Minuten Partenkirchen, um 4 Uhr mittels Einspänner, der den bereits abgegangenen Omnibus einholen mußte, nach Weilheim und um 7¼ Uhr München wieder erreicht." Nach insgesamt 36½ Stunden!

Erst ab 1890 war Garmisch-Partenkirchen von München aus mit der Bahn erreichbar. Mit dem Dampfroß! Wer hätte damals daran denken können, daß einmal Autos die breiten Straßen verstopfen würden oder daß mittels Seilschwebebahn in 10 Minuten der Zugspitzgipfel zu erreichen wäre?

Der Musterstein, 2478 m, im westlichen Teil der langen Wettersteinwand. Die Südwand birgt beliebte aber auch schwierigste Führen. Der Westgrat, als leichtester Anstieg, wird immerhin mit dem Schwierigkeitsgrad III– bewertet.

Professor Sendtner und die erste Frau

Professor Dr. Otto Sendtner (1813 — 1859) von der Universität München betrieb die botanische Erforschung des Wettersteingebirges. Er sammelte nicht nur Pflanzen für sein Herbarium, sondern auch allerhöchste Gipfel. In seiner Gipfelsammlung sollte auch die Zugspitze nicht fehlen. Über die Tour wurde in vier Folgen der „Neuen Münchner Zeitung" ausführlich berichtet.

Am 16. August 1853 marschierte Professor Sendtner von Graseck mit dem dortigen Förster Karl Kiendl, dem Erstersteiger der Dreitorspitze, und dem Träger Josef Reindl aus Partenkirchen durch das Reintal zur Angerhütte. Aufbruch bei starkem Regen um 3 Uhr 45 Minuten, in 1 Stunde 45 Minuten zum „kalten Wasser", hier 24 Minuten Rast. Vor der Sandreiße nochmals 22 Minuten Rast. Naß bis auf die Haut auf dem Gipfel um 8 Uhr 40 Minuten, also 4 Stunden 55 Minuten nach Verlassen der Angerhütte.

Wie wir aus vorstehendem Bericht sehen, war Sendtner ein Zeitfanatiker. Er ging gewissermaßen mit der Uhr in der Hand. So schrieb er einmal über eine Exkursion in der Regensburger Fachzeitschrift „Flora": „Die Beobachtungen wurden sämtliche mit der Uhr und der Schreibtafel in der Hand unternommen. Nachdem der Ausgangspunkt des Steigens barometrisch gemessen war, wurde beim Steigen in angemessenen Intervallen innegehalten, die Beschaffenheit der Vegetation und die Zeitdauer des Steigens sowie des Aufenthaltes notiert. . ."

Sendtner legte seine Forschungsarbeiten 1854 in einem Buch über „Die Vegetationsverhältnisse Südbayerns" nieder.

Bei der Zugspitzbesteigung erfror sich der Professor wegen seiner zerrissenen Handschuhe die Fingerspitzen, so daß ihm das gewissenhafte Aufschreiben schwer gefallen sein dürfte. Von Kälte und Sturm gejagt, strebte die Gesellschaft der Angerhütte zu, die nach 2 Stunden 20 Minuten erreicht wurde.

Sendtners Zugspitzbesteigung hatte die Erbauung einer ersten Schutzhütte zur Folge, denn seine diesbezügliche Anregung in einem Zeitungsbericht fiel auf fruchtbaren Boden. Er schrieb, daß er am ganzen Aufstieg nichts auszusetzen habe, als daß die Angerhütte als Nachtquartier zu weit vom Gipfel entfernt sei. Wenn eineinhalb Stunden höher eine Hütte erbaut würde, wozu das „kalte Wasser" der geeignete Platz sei, so wäre eine Zugspitzbesteigung leicht und nach Anbringung einiger Stufen auch für eine Dame gangbar.

Und wirklich — noch im gleichen Jahr — am 22. September 1853 — wenn auch ohne die von Sendtner vorgeschlagenen Erleichterungen, folgte die erste Dame. Es war Karoline Pitzner, die Gattin des Forstmeisters Pitzner von Par-

Der Schneefernerkopf, 2875 m, und die 900 Meter hohen Westabstürze des Zugspitzstockes vom Seebensee. Links das Holzereck und das Kar „Neue Welt", rechts davon die markante Wetterkante (IV), die 1908 von den Gebrüdern Haff erstmals begangen wurde. Anschließend die Wetterwand mit einigen noch schwierigeren Kletterführen.

tenkirchen. Begleitet war sie von Martin Reindl und dem Hirten Georg Braun. Die Zugspitze erwies sich der Dame gnädig, bot eine schier unbegrenzte Aussicht und es war so windstill, daß sich das am Gipfelkreuz befestigte Halstuch der Frau Forstmeister kaum bewegte. Und wenn auch die Zugspitze kein Matterhorn und kein Montblanc ist, so war es doch eine recht respektable Leistung von Madame Pitzner.

Schließlich sei noch eine Dreimäderl-Tour vermerkt: Der Förster Karl Kiendl nahm 1865 seine drei strammen Töchter Anna, Kathi und Minna mit auf den Gipfel. Die Mädchen, so wird berichtet, „ertrugen die Strapazen mit Leichtigkeit".

„Photographische Abenteuer in der Eisregion"

1867 begann der Fotograf Bernhard Johannes, damals noch in Weilheim lebend, seine Lichtbildkünste im Wetterstein zu erproben. Bei einer Zugspitzbesteigung hatte er an der sogenannten „Nase" das Malheur zu stürzen, so daß er auf den Gipfel verzichten mußte. In seinem berechtigten Ärger schwur er hoch und heilig, den verdammten Berg nie wieder zu besuchen. Als die Wut verraucht war, kam er aber wieder und immer wieder. Bis 1873 sechzehnmal!

Eine durch das Schneekar ausgeführte Besteigung schilderte Johannes 1874 in der „Gartenlaube" mit allen Schwierigkeiten und Abenteuern unter dem Titel „Photographische Abenteuer in der Eisregion."

Damals war noch keine Zeit für Schnappschußjäger mit risikolosen Kleinbildkameras und Color. Aus einer Schilderung Heinrich Noës in seinem „Deutschen Alpenbuch" vom Jahre 1874 sind die Strapazen, Schwierigkeiten und Tücken, die mit dem Fotografieren damals verbunden waren, deutlich ersichtlich: „Das Mitschleppen des Zeltes, in dessen Dunkel das Silberbad bereitet wird, die Last der Kamera, der optischen Vorrichtungen und insbesondere der dreifüßigen Stative sind dabei das geringste. Schwieriger erscheinen die Hindernisse, welche Hitze und Kälte dem geeigneten Zusammenwirken der Chemikalien, Staub, Insekten und andere kleine Teufeleien, die sich auf die feuchte Collodiumschicht der Platte stürzen, dem Manne, der im Schweiß seines Angesichts arbeitet, bereiten."

Der Zugspitz-Historiker Max Krieger schrieb 1881 anerkennend über Bernhard Johannes: „Durch sein vom Gipfel aus unter größten Schwierigkeiten aufgenommenes Zugspitz-Panorama sowie durch seine meisterhaften fotografischen Aufnahmen der schönsten Partien des Rein- und Höllentales, die ihre Verbreitung durch ganz Deutschland und Österreich fanden, hat er unstreitig sehr viel zur Mehrung des Fremdenverkehrs im Werdenfelser Land beigetragen."

Die Tradition des „Hof-Photographen Sr. Majestät des Königs von Bayern", der sich auf die Anerkennung der Jury der Wiener Weltausstellung berufen konnte wurde im Werdenfelser Land bis in die Gegenwart erfolgreich fortgesetzt. Dafür zeugen die bekannten Fotografen-Namen Beckert, Blumenthal, Huber, Fischer und viele andere.

Auf und ab durch das Höllental

Fünfzig Jahre nach der Zugspitzbesteigung des Josef Naus wagte sich immer noch kein Bergsteiger, und solche sind ja inzwischen herangewachsen, ins Höllental: „Da kimmt ma net auffi," meinte ein zeitgenössischer Zugspitz-Experte. Wenn nicht hinauf, dann vielleicht hinunter, dachte sich Nikolaus Winhart aus München. Mit dem Führer Josef Rauch war er am 19. August 1872 um 2 Uhr 15 Minuten von Ehrwald aufgebrochen und hatte durch das Schneekar den Zugspitz-Westgipfel um 6 Uhr 45 Minuten erreicht. Winhart war ein tüchtiger Alpinist, dem mit Georg Hofmann und Kederbacher die Erstersteigung des Tribulaun gelang. Leider kam er in jungen Jahren im Montblanc-Gebiet ums Leben.

Auch durch den Tiefblick ins Höllental ließ sich Winhart nicht von seinem Plan abbringen, hier den Abstieg zu wagen. Nach 8 Uhr stiegen die beiden Männer in die Steilwände ein und „mußten an zwei Stellen die Hilfe des Seiles in Anspruch nehmen". Um 10 Uhr machte ihnen das Vorwärtskommen auf dem hartgefrorenen Höllentalferner Schwierigkeiten, um 13 Uhr Rast bei den Knappenhäusern, um 16 Uhr Einmarsch der Gladiatoren in Garmisch.

Obwohl man sich bemühte, einen direkten Aufstieg zur Zugspitze zu finden, scheiterten einige Jahre alle Versuche durch das Höllental auf den Gipfel zu gelangen. Endlich im August 1876, konnten die Führer Johann und Josef Dengg, vulgo Zeiseler, von einem geglückten Unternehmen berichten. Sie waren von der Diensthütte im Höllental in sechs Stunden zum Ostgipfel hinaufgeklettert. Diese Tat hat sogar Hermann von Barth, der den Werdenfelser Führern recht kritisch gegenüberstand, Bewunderung abgenötigt.

Kurz darauf, am 26. September 1876, wagten dann zwei Münchner, Franz Johannes und Franz Tillmetz, mit den beiden Dengg die erste touristische Ersteigung. Zu ihrem Bericht in der Alpenvereins-Zeitschrift bemerkte der Redakteur Theodor Trautwein: „Ob der Anstieg praktische Bedeutung hat, mag die Zukunft lehren."

Die vier Männer hatten den Aufstieg durchs Höllental bei geradezu winterlichen Verhältnissen geschafft. Schnee und Eis erschwerten das Vorwärtskommen, und Tillmetz berichtete, daß tausend (!) Stufen gehackt werden mußten.

Er regte an, am „Brett" durch Felssprengungen für 300 bis 600 Mark einen sicheren Steig zu schaffen.

Als 1893 die Herren von der Alpenvereins-Sektion München den Vorschlag verwirklichten, mußten sie dafür 620 Mark berappen. Im darauffolgenden Jahr wurde auch weiter oben am Gipfelmassiv der Steig verbessert und gesichert.

Die Zugspitze durch das Höllental wurde zu einer Renommier- und Gruseltour. Dabei ereignete es sich manchmal, daß Halbschuhtouristen die Blitzableiter des Münchner Hauses mit Sicherungsdrahtseilen verwechselten und in Bedrängnis gerieten. Dann mußte Anselm Barth, rauhschaliger Hüttenwirt und Bergführer, zu Hilfe eilen. So verdiente er sich den Ehrentitel „Schutzengel vom Höllental".

Die Wetterfrösche und ihre Burg

Nachdem 1897 das Münchner Haus auf dem Westgipfel eröffnet worden war, beschloß die Bayerische Staatsregierung 1898 die Errichtung eines Observatoriums, einer Hochstation. Für 20 000 Mark wurde ein 9 Meter hoher Turm, 4 Meter im Quadrat, an das Alpenvereinshaus angebaut. Die Plattform lag einen Meter über dem Niveau des Westgipfels. Barometer, Hygrometer, Windschreiber, Aktinograph und viele andere Instrumente wurden installiert. Die Meßergebnisse fanden ihren Niederschlag in endlosen Tabellen und Statistiken. Zum fünfzigjährigen Bestehen hat der Zugspitz-Meteorologe Hans Hauer eine an Informationen reiche Festschrift zusammengestellt. Extreme Temperaturen wurden beispielsweise gemessen mit –35,6 Grad am 14. Februar 1940, ein Maximum nach oben mit +17,4 Grad am 2. Juli 1905. Die Schneemessungen auf dem Platt ergaben im Verlauf von 50 Jahren einen durchschnittlichen Schneefall von 9,25 Meter und zwar überwiegend als hochgeschätzten Pulverschnee. Die Zugspitz-Meteorologen kamen zu der fundierten Aussage: „Die quantitative und qualitative Beurteilung der Schneeverhältnisse auf dem Platt beweist, daß dieses ideal gelegene Skigebiet mit Recht die Bezeichnung Skiparadies führt." Die Entwicklung hat dies im Sinne der Lift- und Pistenfahrer voll bestätigt.

Im Sommer ist der Zugspitzgipfel natürlich der höchste Blitzableiter im Werdenfelser Land. Bekanntlich treten Gewitter am Alpenrand häufiger auf als im Alpeninnern. Während eines fünfzigjährigen Beobachtungszeitraumes hat man auf der Zugspitze einen jährlichen Durchschnitt von 32 Gewittertagen gezählt und kam auf ein Maximum von 54 Tagen mit Blitz und Donner.

Landschaftliche Schönheit präsentiert der Blick ins Höllental und auf die Zugspitze, 2964 m, zur Zeit der Alpenrosenblüte. Der höchste Wettersteingipfel zeigt sich hier nicht als Seilbahnberg, sondern als echtes Hochgebirge mit dem Höllentalferner und den flankierenden Felsgraten.

Erster Beobachter auf der meteorologischen Station Zugspitze war Josef Enzensperger, einer der führenden deutschen Bergsteiger um die Jahrhundertwende. Nach Ableistung des Militärdienstes wurde er Assistent an der Meteorologischen Zentralstation in München und bezog am 19. Juli 1900 den Beobachterposten auf der Zugspitze. Vor dem Entstehen der Bergbahnen war es ein harter und, besonders im Winter, ein einsamer Dienst auf diesem „Vorposten der Zivilisation".

Sogar die Telefonverbindung war damals unsicher und oft unterbrochen. Radio gab es noch nicht. Trotzdem verbrachte Enzensperger einen ganzen Winter mit seinem Zugspitzhund Putzi in der polaren Einsamkeit und erlernte auf dem Platt das Skilaufen. Der 28jährige, der in den Alpen 500 Gipfel, meistens auf schwierigen Routen, erstiegen hatte, kam in seiner Einsiedelei auf die Idee, sich um Teilnahme an der geplanten Deutschen Südpolar-Expedition zu bewerben. Am 19. Februar 1901 schrieb er in diesem Sinne von der „k.b. Hochstation Zugspitze" an Professor Erich von Drygalski in Berlin. Seine Bewerbung hatte Erfolg. Nach Beendigung seines Zugspitzjahres (Er sagte: „Eines der schönsten Jahre meines Lebens!") widmete er sich der Vorbereitung der Expedition, die leider für ihn tragisch endete. Am 2. Februar 1903 starb Josef Enzensperger auf den Kerguelen in der Antarktis an Beri-Beri.

Auf der Zugspitze hatte man ihn nicht vergessen, sondern eine ehrende Gedenktafel angebracht.

Und was die Wetterstation auf der Zugspitze betrifft, so ist sie auch im Zeitalter der Wettersatelliten für die Erkenntnisse der Meteorologen unentbehrlich.

1958 zogen auf der Zugspitze auch Physiker des Max-Plank-Instituts ein. Sie beschäftigen sich mit Weltraumstrahlen, Neutronen und ähnlichen unheimlichen Dingen. Sie haben schon radioaktiven Niederschlag auf dem Schneeferner festgestellt. Man sieht, auch hier oben hat die Zukunft schon begonnen!

Sicht vom Dachstein bis zum Säntis

Im guten alten Baedeker war es schwarz auf weiß zu lesen, daß sich eine Besteigung der Zugspitze nicht lohne, „wegen mangelnder Aussicht". Vielleicht war der Autor bei Nebel oder gar nicht oben. Der Schweizer Gottlieb Studer, Verfasser der Bücher „Über Eis und Schnee" und der „Alpen-Matador" Anton von Ruthner widersprachen heftig. Studer bestätigte das „lebhafte Interesse und Staunen des Schauenden" und Ruthner bezeichnete die Aussicht „als eine der prächtigsten in den Hochalpen".

Karl Hofmann, Mitgründer des Deutschen Alpenvereins und Erschließer des Kaisergebirges und der Glocknergruppe schrieb nach einem Besuch 1868 im „Sammler", „daß es in den bayerischen Alpen keinen zweiten Gipfel gäbe, der sich an Großartigkeit der Rundschau mit der Zugspitze messen könne."

Die Zugspitze gehört zu den wenigen Bergen, für die, dank des Observatoriums, ausgewertete Sichtbeobachtungen zur Verfügung stehen. Immer wieder wird der Meteorologe gefragt, ob das Matterhorn und der Montblanc zu sehen wären. Das ist wegen der Erdkrümmung auch bei klarster Sicht nicht möglich. Die Sichtgrenzen sind wie folgt abgesteckt: „Im Osten der Dachstein (ca. 200 km), im Südosten die Dolomiten (ca. 145 km), im Süden der Ortler (105 km), im Südwesten die Berninagruppe (ca. 145 km) und im Westen der Säntis (125 km). Ein Wolkenmeer, das mit einer Obergrenze von 2900 Meter unter dem Gipfel ruht, entzieht den Großglockner den Blicken eines auf der Zugspitze befindlichen Beschauers, obwohl dieser Berg das Wolkenmeer noch um fast 1000 Meter überragt. Das Wolkenmeer krümmt sich mit der Erde." Von einem wenige Dekameter über dem Gipfel fliegenden Flugzeug aus kann man den Glockner bereits sehen.

Wann ist nun erfahrungsgemäß die beste Sicht? Im Oktober und November sind die meisten Tage mit einer Sicht bis 100 Kilometer. Die zweitbesten und aussichtsreichsten Monate sind Februar und März. Der August steht, was die Aussicht betrifft, im schlechtesten Ruf. Im allgemeinen gilt, daß morgens die Luft klarer ist als untertags bei zunehmender Erwärmung.

Nun ist es also dokumentiert: Wenn ein Zugspitzfahrer sagt, er habe den Montblanc gesehen, dem glaube nicht! Die Erdkrümmung macht es eben nicht möglich.

In zehn Minuten zum Gipfel

Heute muß es kurios erscheinen, daß der Gedanke, eine Bahn auf die Zugspitze zu bauen, ausgerechnet im Hirn eines Alpenvereinsgründers entstand: Des Premierleutnants a.D. und bürgerlichen Apothekers Max Byschl in Garmisch. Man schrieb das Jahr 1899. Die königlich bayerische Staatsregierung zeigte für eine alleruntertänigst eingereichte Eingabe zwecks Errichtung einer Bergbahn auf Deutschlands höchste Spitze wenig Verständnis. Das Projekt wurde im Namen des Prinzregenten Luitpold kurzerhand abgelehnt, da „keinerlei Verkehrsbedürfnis besteht". Acht Jahre später zeigten sich die hohen Herren in München bergbahnfreundlicher und erteilten eine befristete Konzession. Sie verfiel mangels Moneten der Antragsteller. 1909 gab es eine neue Konzession für eine Seilschwebebahn vom Eibsee, aber wieder gelang die Finanzierung nicht. 1914 bewilligte König Ludwig III. den Plan einer Zahnradbahn, aber diesmal kam der erste Weltkrieg dazwischen. Die Zugspitze hatte noch kein Bergbahnglück! In den Inflationsjahren nach dem Krieg regte sich in Bayern wieder der technische Höhendrang. Diesmal riefen der Alpenverein und die Naturschützer zur Gegenoffensive und zum heiligen Krieg.

Auch die Österreicher, die 1924 eine Konzession für eine Seilschwebebahn von Ehrwald auf den Zugspitzgrat erhalten hatten, mußten sich harte Worte gefallen lassen: „Angriff auf den Frieden und die Ursprünglichkeit der Berge ... Sünde an der Natur!" Die Tiroler bauten trotzdem und ab 15. Juli 1926 schwebten die Gondeln von Ehrwald in Richtung Zugspitze. Ich muß gestehen, daß ich auch über die Bergbahn geschimpft habe, aber sie trotzdem als Vehikel zum mühelosen Genuß der Skiabfahrt über das Gatterl und die Ehrwalder Alm benützte.

Der österreichische Vorsprung in der Technik und die offenbar nicht negativen Bilanzen ließen die Bayern nicht ruhen. Sie gründeten eine Aktiengesellschaft und sammelten auf ihrem Konto Millionen. Im Sommer 1928 wurde mit dem Bau einer Zahnradbahn begonnen. Insgesamt mußten 2250 Höhenmeter per Schiene überwunden werden. Die 7,5 Kilometer lange Strecke von Garmisch-Partenkirchen bis Grainau wurde am 19. Dezember 1929 eröffnet. Hier beginnt die 11,1 Kilometer lange Zahnradtrasse über Station Eibsee bis zum Schneefernerhaus, mit Steigungen bis 25 % und einer Höhendifferenz von 1950 Meter. Ab Station Riffelriß geht es 4,5 Kilometer durch einen Tunnel. Zu allen technischen Schwierigkeiten kam beim Bau eine enorme Zeitnot, denn die Bahn sollte bis zu den Oberammergauer Passionsspielen fertig sein. Am 8. Februar 1930 erfolgte der Durchstich zum Zugspitzplatt und auf den Tag genau fünf Monate später fuhren die blauen Wagen der bayerischen Zugspitzbahn ihre Menschenfracht nach oben.

1931 entstand die 730 Meter lange Seilbahn Schneefernerhaus — Zugspitzgipfel über 300 Höhenmeter und 1961 bis 1963 wurde die Seilbahn vom Eibsee direkt zum Gipfel gebaut. An Tragseilen mit 46 Millimeter Durchmesser schweben die 45 Personen fassenden Kabinen in zehn Minuten über die 1950 Höhenmeter.

Schließlich kamen noch dazu die Kleinkabinenbahn zwischen Zugspitzplatt und Schneefernerhaus und Lifte auf dem Skigelände. Alle diese Investitionen beweisen, daß die Zugspitze zu einer Fremdenverkehrs-Attraktion und einem Skifahrermagnet ersten Ranges geworden ist. Was wäre der Olympiaort Garmisch-Partenkirchen ohne seinen rasch erreichbaren Schneespeicher Zugspitzplatt?

Die Aussicht von der Zugspitze ist unbestritten eine der großartigsten in den gesamten Nördlichen Kalkalpen. Die Fernsicht reicht von den Donaubergen bis zur Bernina, vom Salzkammergut bis zum Tödi und im Südosten bis zu den Dolomiten. Herausragend ist vor allem der Blick auf die firngekrönten Zentralalpen, die Gletscherwelt der Hohen Tauern, der Zillertaler, Stubaier und Ötztaler Alpen, des Ortlers und der Bernina-Gruppe.

Sensationen und Kuriositäten

Von Hanni Barth, dem ersten Bergführer, haben wir schon gehört, daß er „wie ein Seiltänzer" über scharfe Grate balanzierte. Aber auch echte Berufsseiltänzer haben 1949 die Gipfelzone der Zugspitze als Arena erwählt. Zwischen dem Ost- und dem Westgipfel wurden 120 Meter lange Drahtseile gespannt und die Artisten führten ihre Kunststücke über halsbrecherischen Abgründen vor. Dazu kam, daß die Drahtseile in dieser Höhe oft vereisten.

Beim nächsten Auftritt, im Sommer 1953, machte ein heftiger, böiger Wind eine Motorradfahrt auf dem Seil von einem Gipfel zum andern zu einem wirklich gefährlichen Abenteuer. Übrigens hat auch Altstar Harry Piel die Zugspitze zum Freiluft-Atelier gemacht. Der Film hieß „Sprung in den Abgrund".

Auch die Flieger fühlten sich von der Zugspitze angezogen. Als Franz Hailer am 19. März 1922 als erster Motorflieger auf dem Zugspitzplatt landete, kam ich mit einem Kameraden gerade auf Skiern vom Reintal herauf. Wir bestaunten die kleine Rumplermaschine mit Schneekufen. Propeller und eine Tragfläche waren bei der Landung im weichen Schnee zu Bruch gegangen. Hailer hatte damals für die 100 Kilometer vom Flugplatz Schleißheim zwei volle Stunden gebraucht. Kein atemberaubendes Tempo, aber trotzdem ein riskantes Abenteuer!

Fünf Jahre später kam das Flieger-As Ernst Udet, diesmal mit einem leisen Vogel, einem Segelflugzeug. Dieses erlitt schon vor dem Start Sturmschaden, so daß ein Flügel zur Instandsetzung noch einmal nach München gebracht werden mußte. Dann folgten zwei Fehlstarts auf dem Zugspitzplatt. Aber Udet machte verbissen weiter, und endlich gelang es ihm, den freien Luftraum über dem Ehrwalder Becken zu gewinnen und adlergleich in die Tiefe zu schweben. 25 Minuten war Udet in der Luft, bis er ohne Schaden auf einer Wiese bei Lermoos landete.

Ein halbes Jahrhundert verstrich, bis das alpine Drachenfliegen in Mode kam, und da war wiederum die Zugspitze erster Startplatz. Im April 1973 flog der Amerikaner M. Harker mit seinem „Hängegleiter" die rund 2000 Höhenmeter nach Ehrwald hinunter, und zwar in 11 Minuten 51 Sekunden.

Auch Selbstmörder benützten die Steilwände auf der Ehrwalder Seite zum Sprung in den Tod.

Ein Freiballonstart erfolgte im April 1931. Nachdem ihn einige Böen gehörig gebeutelt hatten, entschwebte der Ballon südwärts über die Mieminger Berge und landete in den Ötztaler Alpen.

Mehr Krach machten 1951 zwei Männer, die per Motorrad zur Zugspitze kamen. Sie knatterten auf der Trasse der Zahnradbahn in vier Stunden zum Schneefernerhaus. Umweltfreundlicher verhielt sich ein Zwanzigjähriger, der 1955 ein Zugspitzrennen veranstaltete. Ganz privat und ohne Konkurrenten. Er startete um 10.30 Uhr in Hammersbach und rannte durch die Klamm und durch das Höllental bergauf. Um 13.30 Uhr stoppte er seine Uhr im Schneefernerhaus und holte tief Luft. Genau 3 Stunden hatte er für 2200 Höhenmeter gebraucht. Andere rannten von der Knorrhütte in zwei Stunden auf den Gipfel oder erreichten ihn barfuß.

Und was gab es sonst noch Ungewöhnliches im Laufe der Zeit? Lappenzelte, Rentiere und Polarhunde, Artilleristen und Bombenabwürfe im zweiten Weltkrieg, ein Gastspiel von Garmisch-Partenkirchner Komödianten im „höchsten Theater der Welt". Da braucht man sich über den Skizirkus von heute wirklich nicht zu wundern. Wundern aber würden sich der Leutnant Naus, der Hermann von Barth und der Josef Enzensperger, was aus ihrer Zugspitze geworden ist.

Als die erste Zugspitzbahn florierte, spottete der „Simplizissimus“ zu Karikaturen von Th. Th. Heine: „Um das Lokalkolorit zu wahren, werden die Bahnbeamten als Bergführer eingekleidet und die Fahrkarten mit dem Eispickel gelocht.“ Und: „Die Gipfelstation ist mit schallsicheren Kabinen ausgestattet, in denen man das Schweigen der Berge hören kann.“

Christian Reiff veranstaltete 1959 eine Art Volkszählung: „Auf der Zugspitze leben ständig rund 120 Menschen: Ein Dutzend Köche, drei Hotelportiere, Heizer, Andenkenverkäufer, Zimmermädchen, Meteorologen, Bahnpersonal, Skiverleiher, Grenz- und Zollbeamte, je ein Hüttenwirt, Barmixer und Friseur. Außerdem ungezählte Dohlen, der Dackel Whisky und der Wellensittich Bobby.“

Der Dackel und der Vogel haben inzwischen ein Felsengrab gefunden, auch der Barth-Anselm vom Münchner Haus lebt nicht mehr, aber das muntere Zugspitz-Völkchen hat sich bestimmt vermehrt, wie es die Bibel gebietet.

„Die Zugspitze — jetzt ist sie ein Geschäftsberg großen Stils, das mächtige Reklameschild des ganzen Loisachtales.“. Wann glauben Sie, lieber Leser, ist dieser Satz geschrieben worden? Im Jahre 1904 von Hans Leberle.

Bergsteiger im Wetterstein

Eine beschwerliche Reise zum Gatterl

Im ausgehenden 18. Jahrhundert, als die „schweizerischen Eisgebirge" schon eifrig bereist und beschrieben wurden, waren die bayerischen Gebirge noch weitgehend unbekanntes Neuland. Von den Schrecken der Felswildnis berichtete dann und wann ein Jäger, Hirte oder Schmuggler. Erst allmählich interessierten sich gelehrte Herren aus den Städten für die Terra incognita an der südlichen Landesgrenze.

Franz v. Paula Schrank, Landshuter Professor und späterer Direktor des Botanischen Gartens in München, veröffentlichte 1785 seine „Naturhistorischen Briefe" und acht Jahre später einen Bericht seiner 1788 unternommenen „Reise nach den südlichen Gebirgen von Bayern". 1804 schilderte Graf Sternberg seine „Reise nach Tyrol". Er hatte 1793 den Hohenpeißenberg, den Walchensee, Mittenwald und Garmisch besucht. Graf Sternberg, der bereits auf dem Monte Baldo und in der Brenta gewesen war, gehörte zu dem Regensburger Kreis von Naturforschern um D. H. Hoppe, ebenso Graf Bray, der Präsident der Regensburger Botanischen Gesellschaft. Dessen Reiseschilderungen erschienen 1808 und in französischer Sprache mit Aquatintablättern im Jahre 1825.

Hier erfahren wir von einer „Reise" von Partenkirchen über das Gatterl nach Mittenwald im Sommer 1807. Die unternehmenslustige Gesellschaft bestand aus den Botanikern Graf Bray, Graf Sternberg und Professor Duval, sowie Baron Frauenberg und General Werneck. Begleitet wurden die Herren von zwölf Einheimischen als Führer und Träger. Also eine richtige Expedition im Stile der damaligen Zeit.

Graf Bray schrieb: „Der Zweck unserer Reise war, die Partnach bis zu ihrer Quelle am Gletscher zwischen Zugspitze und Wetterstein zu verfolgen, ihre Temperatur in verschiedenen Höhenlagen zu messen und zu gleicher Zeit zu botanisieren." Am frühen Morgen des 7. August brach die Gesellschaft von Partenkirchen auf und zog an der Partnach entlang (eine Sysiphus-Reise), an der Blauen Gumpe vorbei zum Reintalanger. Hier wurde eine Almhütte und ein Hirte mit einer Schaf- und Ziegenherde angetroffen.

Bray notierte: „Wir zogen es vor, uns unter freiem Himmel auf dem Rasen am Ufer der Partnach niederzulassen. Jeder machte sich sein Bett aus Fichtenzweigen, dann zündeten wir ein mächtiges Feuer an und kühlten im Wasser der Partnach einige Flaschen des vorzüglichen Weines, den wir mitgebracht hatten. So hatten wir das Vergnügen, unseren Champagner fast 5000 Fuß über dem Meer zu Ehren der Botanik zu trinken. Beim Morgengrauen waren wir schon wieder auf den Füßen; es handelte sich jetzt darum, den Gipfel des Wettersteins zu ersteigen, der die Grenze von Bayern und Tirol bildet. Dieser Weg ist nur für die kühnsten Bergsteiger begehbar, nie in meinem Leben habe ich einen ähnlich ermüdenden Marsch gemacht. Wir mußten ungefähr 2000 Fuß in die Höhe steigen, über Felstrümmer, deren Weiße uns blendete . . . Die Öde dieser Strecke war außenordentlich, wir starben beinahe vor Durst, und einige Tropfen Liqueur, die wir zu uns nahmen, vermehrten noch unsere Leiden. Glücklicherweise trafen wir auf einen viel höheren Gletscher, als den, aus dem die Partnach entspringt, und konnten endlich den schrecklichen Durst befriedigen, indem wir den Mund mit Schnee füllten.

Endlich nach vier Stunden mühevollsten Marsches, in dieser Rinne, die man Trautlgrönze nennt, gelangten wir zu einem Gipfel des Wettersteins und auf den Grat, der in einer Höhe von 5977 Fuß die beiden Länder trennt; aber als wir nun unsere Blicke auf die Tiroler Seite schweifen ließen, sahen wir zu unseren Füßen einen solchen Abgrund, daß einen unserer Begleiter der Mut verließ. Man mußte die fast senkrechte Bergwand hinuntersteigen, auf die Gefahr hin, beim kleinsten falschen Schritte tausend Fuß hinunter zu stürzen. Unser Freund, der uns nicht verlassen wollte, schloß die Augen und überließ sich den kräftigsten unserer beiden Führer. So gelangte er schaudernd durch die Wirkung des Schwindels, der ihn gepackt hatte, an den Fuß dieser furchtbaren Stelle."

Nachdem der Angsthase, wie angegeben, keiner der drei Botaniker war, kann es nur der Baron oder der General gewesen sein.

„Nachdem die Gefahr vorüber war, kehrten auch Mut und Kräfte zurück." Müde, aber unverdrossen wanderten die Männer über Leutasch nach Mittenwald, das sie nach zwanzigstündigem Marsch erreichten.

„Der tolle Barth"

Er hatte blaues Blut in den Adern, der kleine Hermann, als er am 5. Juni 1845 im Schloß Eurasburg zur Welt kam. Als Sohn des Kgl. bayerischen Kämmerers Anton von Barth und seiner Gemahlin Floreana, Freiin von Knauß. Im Isartal wuchs er auf, zog 1858 mit seinen Eltern in die Residenzstadt München und war hier um Bildung bemüht. Aus dem Gymnasiasten wurde ein Korpsstudent, der, wie Professor Zittel berichtete, „zu allerlei Exzentritäten" neigte und, wie ein Biograph schrieb, „weder auf der Kneipe noch auf der Mensur einen Rivalen neben sich duldete".

„Wie die ersten Hochräder in Deutschland auftauchen", so wird überliefert, „wird er zu einem Radfahrer, der Parforce-Leistungen vollbringt, ohne Rücksicht auf polizeiliche Mahnungen und Strafen". Und er wurde — als Rechtspraktikant — zum Bergsteiger, anno 1868 noch ein seltenes Exemplar Mensch in bayerischen Landen. Beruflich war er in Berchtesgaden, Traunstein und Sonthofen tätig, und von hier aus besuchte er der Reihe nach die naheliegenden Gruppen der Nördlichen Kalkalpen: 1868 die Berchtesgadener Berge, 1869 die Allgäuer Alpen, 1870 das Karwendel und 1871 das Wettersteingebirge. Und nebenbei wandelte er sich vom Juristen zum Naturwissenschaftler, Geologen und Geographen, schied aus dem Staatsdienst aus und wollte sich der Forschung widmen.

Hermann von Barth, der fast immer führerlos und meist ohne Begleiter in die damals noch recht stillen Berge zog, arbeitete an einem „Wegweiser" durch die Nördlichen Kalkalpen. „Es soll ein Kraxelbuch sein," schrieb er an den Buchhändler Lampart in Augsburg. Und er konnte es aus reicher Erfahrung schreiben, denn mehr als 250 Gipfel hatte Barth in den Nördlichen Kalkalpen bestiegen, davon nach eigener Schätzung 35 als Erster.

Am 19. Juli 1871 kam Barth, damals Rechtspraktikant auf Urlaub, von Weilheim aus nach Partenkirchen. „Zu entdecken gab es im Wettersteingebirge wenig, zu ersteigen mehr als ich gedacht," schrieb er in sein Tagebuch. Er wollte „Gipfel um Gipfel zwingen, für niemand anders als für mich".

Am 21. Juli stieg er vom Reintaler Hof aus über den Stuibensee und durch das Oberkar auf die Alpspitze, am nächsten Tag in neunstündigem Marsch auf die Zugspitze. Das hintere Reintal bezeichnete er als „Herz des Wettersteingebirges". Nach Schlechtwettertagen widmete er sich Anfang August der Plattumrahmung und dem Hochwanner. Am 7. August gelang ihm die zweite Ersteigung des Dreitorspitz-Westgipfels sowie die erste des Mittelgipfels und der Leutascher Dreitorspitze. Es folgten Waxenstein, Südliche Riffelspitze und nach einem Abstecher nach Harmating eine Reihe von Erstersteigungen: Hochblassen, Öfelekopf, Hinterreintalschrofen, Innere und Mittlere Höllentalspitze. Am 9. September beendete er seine Wettersteinfahrten und beschrieb sie in seinem 1874 bei Amthor in Gera erschienenen Werk „Aus den Nördlichen Kalkalpen" mit dem Untertitel „Ersteigungen und Erlebnisse". In Anerkennung dieser alpin-literarischen Leistung erhielt Barth 1875 das Ritterkreuz zweiter Klasse des Ernestinischen Hausordens. Ein deutschsprachiges alpines Buch war eben damals noch eine Rarität.

In knöchellangen Bundhosen und Allgäuer Griffschuhen, mit Steigeisen und langem Bergstock durchstreifte Hermann von Barth beobachtend und skizzierend die Kare und überkletterte die Grate. Dem Aussehen nach bezeichnete sich der Freiherr als „urweltliche Stammform von Tourist, Jäger und Handwerksbursch". In seinem Gepäck führte er mit: Fernglas, Trinkbecher, Feuerzeug, ein Farbfläschchen und Pinsel, um auf die Gipfelfelsen seinen Namen zu schreiben, und eine Pistole für das Notsignal. Dazu kam eine Kaffeemaschine, Spiritus und, als moderne Errungenschaft, Liebigs Fleischextrakt. Auf seinen waghalsigen Alleingängen trug er, laut Amthor, stets ein Giftfläschchen bei sich, „als letzten Trost, wenn er einmal unrettbar abstürzen sollte".

Am Öfelekopf kam Barth beinahe in eine solche mißliche Situation. Gemeinsam mit Dr. Heinrich Noë, dem damals sehr bekannten Alpenschriftsteller, war er von Mittenwald in die Leutasch gewandert und hatte der Einladung auf dem Schild des Brucker-Wirtes Folge geleistet:

Ich heiß Andreas Reindl,
Hab wohl a gut's Weindl
Und auch a gut's Bier.
Obst hergehst zu mir!

Von den Wirtsknechten hörte er nur Sprüche, als er sich über den Öfelekopf erkundigte: „Ob er ersteigbar? — oja ganz guat!" Nach einigen Irrwegen gelangte Barth ins Berglental und wandte sich zunächst der Wettersteinwand zu. Um 9.30 Uhr stand er auf ihrem Scheitel und blieb bis 12 Uhr. Eifrig skizzierte er die umliegenden Berge. Später meinte er geringschätzig: „Die Dinger sehen aus wie ein ausgenommenes Kalbsgehirn".

Um 15.30 Uhr konnte er sagen: „Der Öfelekopf liegt mir zu Füßen . . . es ist nichts unmöglich!" Beim Abstieg kam es dann zu einem gefährlichen Sturz. Barth berichtete darüber:

„Wie hinauf, so hinab, lautete das Gebot der Notwendigkeit. Ich kehrte das Gesicht gegen die Wand, stemmte mich wieder gegen die jenseitige Mauer und rutschte hinab. Die Füße hingen bereits in der Luft, als ich endlich den Steinzacken zu fassen bekam und, diesen Halt einmal in den Händen, behutsam mich weiter hinunterließ. Aber ich fand keinen Boden. Schließlich hing ich mit ausgestrecktem linken Arm am Zacken, die Füße tappten in der Leere herum. Die Muskelkraft begann nachzulassen, die nächste Viertelminute mußte die Notwendigkeit aufdrängen, freiwillig meinen Halt aufzugeben. Der peinliche Entschluß blieb mir erspart — ein leises Knirschen — der Stein reißt aus der Wand und dahin geht der Sturz! Zweimal schlage ich auf Stufen der Kluft auf, noch aufrecht, Gesicht gegen die Mauer, das drittemal werde ich gedreht, der

Zum Bild auf folgender Doppelseite: Traumwetter für einen späten Bergurlaub: Herbst unter der Leutascher Dreitorspitze. Die ins Puitental absinkende Südwand wird nach Westen begrenzt von einem System kulissenartig gestaffelter, nach Osten geöffneter Schluchten, die von der Dreizinkenscharte herabziehen.

Breite nach auf den Trümmergürtel hinuntergeschmettert, überschlage mich ein- oder zweimal, komme aber wieder auf den Rücken zu liegen und — Hände und Füße alsbald spreizend — noch rechtzeitig zum Aufhalt. Zwei Schritte weiter — und ein neuer Steilwandsturz hätte mich unfehlbar ins Berglen-Plattach hinunterbefördert."

Etwa zehn Meter war Barth gestürzt, hatte ein Steigeisen gebrochen, aber zum Glück seine Brille nicht verloren. Er hatte Prellungen erlitten und Schmerzen im rechten Knie. Die Hände „in der übelsten Art zerschunden und aufgeschnitten."

Noch hielt der Öfelekopf den Gestürzten gefangen. Erst beim vierten Versuch gelang ihm die Überwindung einer Wandstufe und lahm und hinkend erreichte er bei Dunkelheit Leutasch.

Trotzdem stieg er am nächsten Tag auf die Gehrenspitze und am übernächsten auf die Hohe Munde. Barth war hart im Nehmen! „Sieg oder Tod" lautete seine Devise. Auf der erstmals betretenen Mittleren Höllentalspitze verabschiedete er sich am 9. September 1871 vom Wetterstein. Und er zog das Fazit:
„Ich habe gesucht und gefunden und gesiegt! Ich habe die Zinnen, von denen die Landkarte erzählt, die zierlich gezackt hinausschauen in die Ebene, aufgespürt in ihren verborgensten Winkeln und habe die Pfade erkundet, die zur schwindelnden Höhe emporleiten. Ich habe meine Throne aufgeschlagen zwischen Himmel und Erde und habe geschwelgt im Vollgenusse des Schauens in eine weite, wilde Welt. Den Alpenwanderern kann ich nur zurufen: Das sind Ziele, der Mühe würdig!"

Als Hermann von Barth über das Gatterl nach Ehrwald wanderte, überkam ihn Pessimismus und Wehmut: „Ob ich den Wetterstein, ob ich die Berge überhaupt je wiedersehen sollte?"

Im Sommer 1873 kam er wieder, aus den Allgäuer Bergen, an der Sonnenspitze ein Gewitter erlebend, die Zugspitze wieder besuchend und über das Dreitorspitzgatterl zu den Arnspitzen überwechselnd.

Und dann lockte ihn das Neuland der großen, weiten Welt, Afrika, der dunkle Erdteil! Sein Kalkalpenwerk war beendet. 1875 erschien sein Ostafrika-Buch. Summa cum laude wurde ihm die philosophische Doktorwürde verliehen und die portugiesische Regierung wählte ihn als Geologen für eine Expedition nach Angola aus. Die am 9. Januar 1876 angetretene Reise wurde ihm zum Verhängnis. Auf der strapazenreichen Expedition ins gebirgige Landesinnere erkrankte er und am 7. Dezember 1876 machte der 31jährige einstige Gipfelstürmer im Fieberwahn „seinem Leben durch einen Schuß ins Herz ein Ende". Das Grab des „tollen Barth" ist im fernen Loanda.

Mit und ohne Bergführer

Die erste bergsteigerische Tat nach den Streifzügen Hermann von Barths war der erste Aufstieg durch das wilde Höllental zur Zugspitze. Ihn wagten ausgerechnet zwei Männer aus der von Barth geschmähten Gilde der Werdenfelser Bergführer: Johann und Josef Dengg im Jahre 1876. Dabei wurden die Schwierigkeiten des heute versicherten Steiges umgangen. Erst 1887 kletterte der große, aus England stammende Alpenmaler E. T. Compton mit T. Martin und G. Thompson über das „Brett" zum Höllentalferner und weiter zum Gipfel. Compton war dem Wettersteingebirge zeitlebens verbunden. Er malte dort nicht nur vielbewunderte Gemälde, wie sein berühmtes Eibsee-Bild, sondern er war auch ein vorzüglicher Alpinist. Nach seinem Tode im Jahre 1921 wurde seine Asche in einen Bergbach im Zugspitzgebiet gestreut.

Zwei Einheimische, Fr. Resch aus Partenkirchen und Cl. Sam aus Eschenlohe waren begeisterte Wettersteingeher. Aus reiner Freude am Gebirge. 1886 stellten sie ein Kreuz auf dem Nordostgipfel der Partenkirchner Dreitorspitze auf, und Resch wurde so etwas wie ein Dreitorspitz-Spezialist. Im Sommer 1886 kletterte er, wieder von Sam begleitet, von der Großen Riffelwandspitze zur Zugspitze. Leberle bemerkte über die Tour: „Eine Gratwanderung, die lange als die gefährlichste und schwierigste im Wetterstein galt. Es war eine reine Sportleistung."

Erst 1895 wagten H. Gazert und Fr. Völker den sehr steinschlaggefährdeten Aufstieg vom bayerischen Schneekar zur Zugspitze. Gazert, ein Mitgründer der Sektion Bayerland und Gefährte Enzenspergers auf der Deutschen Südpolar-Expedition von 1903, ließ sich später in Partenkirchen als Arzt nieder. Er war auch der Erstersteiger des Öfelekopf-Westgipfels.

Ein Problem, das bereits Hermann von Barth erkannt hatte, war, eine kurze, direkte Aufstiegsmöglichkeit von Ehrwald über die Holzerwiesen und durch das Kar „Neue Welt" zum Schneefernerkopf und weiter zur Zugspitze zu finden. Ein erster Versuch erfolgte bereits 1883 unter Führung von J. Guem, dem Adlerwirt von Ehrwald. 1896 gelang ein Abstieg mit Abseilen über den steilen Felsriegel unterhalb des Kars. Drei Jahre später erzwangen A. Heinrich und S. v. Reuß, der Gefährte Enzenspergers in der Kleinen Halt-Nordwestwand im Kaiser, den Aufstieg. Sie trafen erhebliche Schwierigkeiten an, mußten ein Schneesturmbiwak in der Wand ertragen und erreichten mit letzten Kräften den Grat. Extreme Skifahrer der Neuzeit wagen sich heute in die „Neue Welt" und seilen sich über die Felswand 60 Meter ab. Der eifrigste Erschließer anfangs der neunziger Jahre war J. Mainzer aus Karlsruhe. Er hatte die Absicht, einen ersten Spezialführer für das Wettersteingebirge zu schreiben. Für seine Touren verpflichtete er die Führer Koser-Sepp den Jüngeren, A. Witting und die Brüder Johann und Josef Dengg. Mit ihnen durchforschte er das Gebirge

vom Waxenstein bis zur Wettersteinwand und erstieg zahlreiche Gipfel als erster Tourist: Großer Hundstallkopf, Hinterer Waxenstein, Musterstein, Scharnitzspitze und Schönangerspitze. Ihn reizte nicht das Risiko eines neuen Anstiegs, sondern er wollte vor allem die Kenntnis des Gebietes mehren. Am 3. September 1892 verunglückte Mainzer mit Josef Dengg nach einer Überschreitung der Plattspitzen beim Abstieg vom westlichen Gipfel. Die beiden stürzten aus unbekannter Ursache gegen das Platt ab. Ihre Leichen wurden unter Neuschnee erst am 20. September gefunden.

1892 tauchte der neunzehnjährige O. Schuster aus Dresden erstmals im Wetterstein auf. Er brachte es in seinem Bergsteigerleben auf 50 Erstbegehungen in den Alpen und im Kaukasus. Mit Johann Dengg erstieg er erstmals den Kleinen Waxenstein und mit dem Zillertaler Führer H. Moser 1894 die Schüsselkarspitze. Außerdem erkletterte er den Westgrat des Oberreintalschrofens und den Ostgrat der Scharnitzspitze, beide Schwierigkeitsgrad III. Im gleichen Bereich lagen 1897 die erste Begehung des Teufelsgrates durch L. Distel und F. Schön und 1899 des Blassengrates durch H. Leberle, A. Heinrich und G. Leuchs. An dem 1898 von O. Ampferer, dem späteren großen Alpengeologen, und F. Hörtnagel begangenen Westgrat der Schüsselkarspitze war beinahe der IV. Grad zu meistern.

Nach der Jahrhundertwende

Als Hans Leberle 1905 seine Wetterstein-Monographie in den Alpenvereins-Jahrbüchern abschloß, schrieb er kategorisch: „Das Wettersteingebirge bietet nichts Neues mehr!" So etwas wurde zu allen Zeiten von allen Gebirgsgruppen behauptet und ebenso regelmäßig von den bergsteigenden Nachkommen gründlich widerlegt.

Leberle, ein echter Bajuware mit einer Vorliebe für Gerstensaft (er wirkte ja später als Professor in Weihenstephan), gehörte zum AAVM, dem Akademischen Alpenverein München, und war mit seinen Klubkameraden L. Distel, K. Herr, G. Leuchs, O. Nonnenbruch, A. und G. Schulze neben Mitgliedern des Akademischen Alpenklubs Innsbruck nach 1897 maßgeblich an der Nacherschließung des Wettersteins beteiligt. Auch die Namen O. Ampferer, P. Aß'n, H. v. Ficker, K. Gürtler und M. v. Laßberg sind häufig in alten Gipfel-und Tourenbüchern zu finden. Alle diese jungen Männer verhalfen dem führerlosen Bergsteigen zum Durchbruch. Sie überkletterten die scharfen Grate und wagten sich in die steileren Wände. Eine ganz hervorragende Rolle spielte in dieser Zeit A. Heinrich, der häufig mit Leberle eine Seilschaft bildete, und später als praktischer Arzt in Garmisch wirkte. Als die beiden 1902 erstmals die Südwand des Mustersteins (IV-) durchklettert hatten, rechnete Leberle diese Tour „zu den schwersten Klettereien, die in der ganzen Gruppe auszuführen sind."

In der Südwand des Westgratturms der Schüsselkarspitze, die erstmals 1945 von A. Jörg und K. Simon erklettert wurde. Den Durchstieg vermittelt eine Rißverschneidung, die Schwierigkeiten VI. Grades bietet.

Bis 1903 hatte niemand die großartige Wetterwand angetastet. Einen ersten Versuch machten H. Leberle und M. v. Laßberg. Im sehr brüchigen Gestein gerieten sie in gefährliche Situationen und mußten schließlich umkehren. Erfolgreich waren 1908 H. u. R. Haff mit der Erkletterung der 900 Meter hohen Wetterkante (IV). Eine klassische Fahrt! Damit waren die Kletterer jener Zeit an den IV. Grad der heutigen Schwierigkeitsskala herangekommen. Das war für den damaligen Stand der Ausrüstung und Technik das „Äußerste".

Bis 1904 war die höchste Wettersteinmauer, die 1400 Meter hohe Hochwanner-Nordwand, unberührt geblieben. Dann erfolgten fast gleichzeitig zwei Vorstöße. Am 5. Juni sicherte sich der Alleingeher L. Heis in neunstündiger Kletterei den ersten Durchstieg. Drei Tage später stiegen L. Distel, A. und G. Schulze, im unteren Teil auf neuer Route, durch die hohe Wand. Distel und A. Schulze, die 1903 auf dem Uschba im Kaukasus gewesen waren, bezeichneten die Tour als eine der großartigsten in den Kalkalpen. Und Leberle meinte: „Mit der Bezwingung der Riesenwand treten wir in die letzte Periode der Ersteigungsgeschichte ein". Für ihn war die Hochwanner-Nordwand das „letzte Problem des Wettersteinkammes". Dabei waren noch nicht einmal alle Grate begangen, geschweige denn die bedeutendsten Wände durchklettert.

Als letzter Veteran aus dieser Zeit ragt Anton Schmid in die Gegenwart. Er wurde am 4. April 1978 90 Jahre alt. Zu seinem Geburtstag schickte ich ihm seine Visitenkarte, die er als Studiosus vor genau 70 Jahren auf der Scharnitzspitze hinterlegt hatte. Er erlebte aktiv die ganze Entwicklung des Bergsteigens vom Nagelschuh bis zur Profilgummisohle, vom Hanf- zum Perlonseil, vom freien Gipfelstürmen bis zum sportlichen Direttissima-Stil.

Er wurde in Kochel am See geboren und kam schon als vierzehnjähriger Junge ins Wettersteingebirge, überschritt die Riffelscharte und besuchte die Zugspitze durch das Reintal. In der Folgezeit wurde ihm dieses Gebirge zur Bergheimat. Den „Hausmeister vom Wetterstein" nannten ihn seine Freunde scherzhaft, weil er überall Bescheid wußte und den Schlüssel zu mancher unbegangenen Wand bei sich trug. Im Herbst 1907 erkletterte er allein die Hochwanner-Nordwand und stieg auf der gleichen Route wieder ins Reintal ab. Im nächsten Sommer begann er eigene Wege zu suchen: Allein auf die Riffelköpfe, mit A. Barth, dem Führer als Begleiter, die Musterstein-Südwand (Schmidband) und mit P. Aß'n, dem Freund, die Nordwand des Kleinen Wanners. „Der Eindruck elementarer Natur, roter Schluchten und jäher Fluchten begleitete uns auf dieser Fahrt", schrieb Anton Schmid. Mit H. Behrendt, der 1918 in Frankreich ums Leben kam, erkletterte er den langen, eindrucksvollen Westgrat der Dreitorspitze. 1911 fanden die beiden einen neuen Durchstieg durch die Musterstein-Südwand. Als vierunddreißigjähriger Mann erklomm er mit seinen „Berggeist"-Kameraden K. Markert, F. Müller und B. Neigert die gewaltige Wetterwand auf neuer Route. Anton Schmid war aber nicht nur Alpi-

Der Öfelekopf, 2469 m, mit seinen gegen das Puitental abstürzenden 600 Meter hohen Steilwänden. Über den Süd- und Südwestpfeiler und die Südwand des Westgipfels ziehen großzügige Kletterrouten des V. und VI. Schwierigkeitsgrades. Hier haben die Innsbrucker Kletterer Frenademetz, Mariner und Rebitsch Erschließungsarbeit geleistet.

nist, sondern zeitlebens den Künsten, der Bergmalerei, der Musik und der Literatur mit heißem Herzen zugetan. Der alte Guido Rey, der Matterhorn-Enthusiast, hat nicht in den Wind gesprochen, wenn er sagte: „Der Alpinismus hat seinen Stil wie die Baukunst, die Dichtkunst und die Musik."

Die Südwand der Schüsselkarspitze

Im Herbst 1913 konnten die Ostalpenkletterer auf beachtliche Erfolge zurückblicken. Die Laliderer-Nordwand im Karwendel, die Fleischbank-Ost- und die Totenkirchl-Westwand im Wilden Kaiser waren in den vergangenen drei Sommern erobert worden. Nun hieß das große Problem in den Nördlichen Kalkalpen Schüsselkarspitze-Südwand.

Ihr Steckbrief: Fast 500 Meter hoch, beinahe senkrecht, graue Plattenflucht mit rötlich-gelben Ausbrüchen, durchzogen von Verschneidungen und Rissen.

1913 kam zum Oktoberfest der rühmlich bekannte Tiroler Bergführer Hans Fiechtl nach München. Georg Sixt, der mit ihm 1911 einen Fleischbank-Ostwand-Versuch unternommen hatte, führte ihn mit Otto Herzog zusammen. Fiechtl brachte aufregende Nachrichten von der Schüsselkar-Südwand mit: Seit drei Wochen würde sie von den Erstbegehern der Fleischbank-Ostwand, Hans Dülfer und Werner Schaarschmidt, die in Oberleutasch wohnten, belagert; außerdem seien Tita Piaz, Paul Preuß und Wilhelm von Redwitz gerade bei der Arbeit.

Es war also höchste Eile geboten. Mit Hans Fiechtl und Georg Kuglstatter kam Otto Herzog ins Puitental, das vom Leutascher Tal gegen das Scharnitzjoch hinaufführt, direkt unter die Südwand der Schüsselkarspitze. Es lag Neuschnee. Den Einstieg vermittelte, wie bei früheren Versuchen, der auffallende Pfeiler, ungefähr in der Gipfelfallinie. Ein Seil hing herab; es stammte von der Piaz-Gruppe, die hier zurückgegangen war. Über die schwierigste Stelle schrieb mir Herzog: „Während der Durchkletterung der 10 Meter hohen Verschneidung kann kein Rettungsanker angebracht werden, aber hoch oben steckt über dem Wulst am Ende der Verschneidung ein Mauerhaken. Jeder Südwandbegeher wird dort mit geschwächter Kraft Karabiner und Seil einhängen. Nun ist die Absturzgefahr gebannt, und der Kletterer wird bald über dem Wulst der Verschneidung stehen. Mancher außergewöhnlich gute Kletterer erkundigte sich nach Begehung der Südwand bei mir, wie ich das Kunststück bewerkstelligt habe, in dieser verzwickten Lage einen Haken senkrecht einzutreiben. Das war einfach und mühelos! Kuglstatter stand unten auf dem Postament und sah, wie ich als Vorankletternder ohne Hakensicherung über den Wulst hinwegturnte. Erst dann schlug ich von oben herab für alle Nachfol-

Die Schüsselkarspitze, 2538 m, von Süden. Der von links zum Gipfel ziehende Westgrat bietet luftige Kletterei (III–IV) in festem Gestein. Die senkrechte Südwand wurde erstmals 1913 durch Otto Herzog und Hans Fiechtl erklettert und galt damals als schwierigste Ostalpenfahrt. Heute überzieht ein Netz von Kletterrouten VI. Grades die Südabstürze.

ger den entscheidenen Sicherungshaken ein." Das war wirklich selten vorkommender Edelmut! Herzog ging bis hinauf über den Pfeilerkopf voraus. Der Weiterweg sah schlimm aus. Dazu war zu bedenken, daß die Herbsttage kurz und die Biwaknächte kalt sind. Man entschloß sich umzukehren.

Am anderen Tag versuchte Fiechtl mit Kuglstatter höher zu kommen. Herzog hatte sich mit einer Wurst den Magen verdorben und war kampfunfähig. Aber es litt ihn nicht in der Leutasch. Er beschloß, eine Roßkur durchzumachen, beginnend mit einem eiskalten Bad im Puitenbach, dem ein schweißtreibender Dauerlauf über die steilen Wegserpentinen folgte. Als er den beiden abgeschlagenen Kameraden begegnete, fühlte er sich wieder gesund und einsatzfähig.

Kuglstatters kurzer Urlaub war zu Ende, aber Herzog und Fiechtl wollten weitermachen. Am nächsten Morgen erkletterten sie wieder den 100 Meter hohen Wandpfeiler. Herzog kletterte voraus bis über das „Acht-Meter-Wandl", eine heute noch mit V+ bewertete Stelle.

Aus Otto Herzogs unveröffentlichter Schilderung (er hat über die Schüsselkar-Südwand 57 Schreibmaschinenseiten geschrieben):

„Fiechtl geht nun voraus. Sein Antlitz ist finster und trotzig. Er ist still, unheimlich still. Fels bröckelt ab. Mir wäre es viel wohler, wenn ich an Fiechtls Stelle wäre, denn Kletterschuhsohlen kann ich über mir nicht tasten sehen, und ich spüre bange Beklemmungen. Nur die Führung macht mich von ihnen frei.

Plötzlich fliegt Fiechtl lautlos und pendelt am Seil in die Fallinie der Nische hinüber. Das Seil, Karabiner und Mauerhaken halten. Frech und ohne Erholungsrast geht Fiechtl dieselbe Stelle nochmals an. Mit gleichem Resultat: Sturz! Und ein dritter Versuch endet ebenso.

Schadenfroh schwinge ich mich zum ‚Acht-Meter-Wandl' empor. Da hänge ich nun an winzigen Haltepunkten, daß man sich ein Mikroskop herbeiwünschen möchte. Trotz der Sicherung ist die Kletterei eine ernste Sache. Die wenigen Ritzen sind ungeeignet, selbst für unser kleinstes Häkchen. Ganz langsam rücke ich ein gutes Stück an der unheimlichen Querstelle hinüber. Frei und unvermittelt sehe ich hinunter ins schutterfüllte, wüste Kar. Es gelingt mir, den ersten Mauerhaken einzutreiben. Er wackelt. Das Seil hänge ich nicht ein, aber den Oberkörper muß ich, mich auf den Haken stützend, seitwärts beugen, um einen weiten, weiten Spreizschritt zu ermöglichen. Dann stehe ich am Beginn der Verschneidung . . ."

Nun galt es, in die lange Kaminreihe zu gelangen, die von einer Scharte im Westgrat herabzieht. Aber wie auf kletterbares Gelände hinüberkommen?

Pendeln am eingehängten Doppelseil? Oft hatte Herzog dies schon im Klettergarten im Isartal geübt. Aber der ehrgeizige Fiechtl wünschte den Vortritt. Einen Mauerhaken zwischen den Zähnen trat er die Luftreise an, und nach einigen Versuchen glückte es ihm, sich links drüben zu verkrallen und bei einem unscheinbaren Blümchen einen Haken einzutreiben. Die schwierige Kletterei und das Akrobatenstück am Pendelseil hatten viel Zeit gekostet. Der Tag ging zur Neige. Also biwakieren! Für die beiden wurde es eine kalte Nacht auf einem abschüssigen Grasfleckchen. Eine halbe Stunde lang schneite es sogar, dann blinkten wieder Sterne am Himmel.

Im Morgengrauen stolperten drei Männer über das Geröll am Fuße der Wand. Es waren besorgte Leutascher Bergführer, die nachschauen wollten, ob in der Südwand ein Unglück geschehen sei. Mit anfangs steifen Gliedern, aber guten Mutes querten die Kletterer weiter zu den Kaminen. Durch diese führte der Tiroler die Seilschaft, die schwierige Ausstiegswand gehörte Herzog. Dann standen die beiden auf dem Gipfel und stiegen nach verdienter Rast seilfrei über den Westgrat ab. Das war am 1. Oktober 1913.

Noch einige Sätze über die Erstbegeher der Schüsselkarspitze-Südwand: Otto Herzog wurde am 5. Oktober 1888 in Fürth geboren. In der zweiten Schulklasse kam er auf dem Umweg über Dessau nach München, wurde Zimmermann, Turner und Bergsteiger. Sein Lieblingsgebiet war das Karwendel, wo ihm viele schwierige Neutouren gelangen, wie 1911 die Laliderer-Nordkante und 1929 die Dreizinkenspitze-Nordwand. Er kam auch in die Dolomiten, in die Westalpen und in den Kaukasus. 1962 machte der 72jährige „Rambo" — das war sein Spitzname in der Klettererzunft — noch Neutouren an den Durmitortürmen in Montenegro. Insgesamt brachte er es auf 26 Erstbesteigungen von Gipfeln und 178 Erstbegehungen von Wänden und Kanten. Otto Herzog zählte zu den ganz großen Kletterern vor und nach dem ersten Weltkrieg. Als Mensch war er unerschrocken, selbstbewußt aber bescheiden, oft im Denken und Handeln ein wenig skurril, kurz gesagt: ein Original. Er starb am 27. August 1964 in München.

Hans Fiechtl kam 1883 in Münster, am Beginn des Zillertals, zur Welt. Seit 1903 war er Bergführer, ein Meister im Fels. An Stelle des alten Ringhakens führte er den aus einem Stück geschmiedeten Fiechtlhaken ein. Seine bedeutendsten Erstbegehungen machte er in den Zillertaler Bergen und im Wilden Kaiser. Am 1. August 1925 stürzte er auf einer seiner Routen, dem Nordwandsockel des Totenkirchls, tödlich ab.

Über die Schüsselkarspitze-Südwand und ihre erste Begehung diskutierte man in Bergsteigerkreisen hitzig. Herzog berichtete darüber:

„Die Geschichte vom Fuchs und den sauren Trauben läßt sich wohl nirgends so oft und treffend anwenden wie bei den Lästerern der Bergsteigerei. Die schweren Fahrten erfordern eine große turnerische Gewandtheit. Und Regeln passen besser auf einen Fußballplatz als in die Berge. Ich liebe die Freiheit und deshalb gehe ich in die Einöde senkrechter Felswände.

Am 26. November 1913 stand Hans Dülfer am Vortragspult der Sektion Bayerland in München. Er sagte, daß nach seiner Ansicht die Schüsselkar-Südwand immer noch nicht durchstiegen sei. Als Beweis erwähnte er die beiden Abseilstellen und den Pendelquergang und schließlich bemängelte er den Ausstieg auf den Westgrat.

Vom selben Pult herab sprach am 4. März 1914 der Dolomitenführer Tita Piaz über seine Versuche an der Schüsselkar-Südwand mit Preuß und von Redwitz. ‚Unsere Versuche sind fehlgeschlagen', sagte er, ‚aber es freut mich, daß Otto Herzog der große Wurf gelungen ist. Hut ab!'" Otto Herzog redete nicht viel, er schrieb nur einen knappen Bericht für die Österreichische Alpenzeitung, aber es ärgerte ihn doch, was Dülfer gesagt hatte. Deshalb stand er am 11. Juni 1914 mit seinem Bruder Christian wieder vor der Schüsselkar-Südwand. Diesmal querte „Rambo" aus den Kaminen rechts in die Wand und kletterte statt zum Westgrat zum Gipfel hinauf. War nun die Route genehm und direkt genug? Aber auch die Abseilstellen waren kritisiert worden. So kamen die beiden Brüder unmittelbar vor Kriegsausbruch ein drittesmal. Am 28. Juli 1914 stiegen sie unmittelbar vom Gipfel über die Wand ab, um dabei die Abseilstellen der Aufstiegsroute zu erklettern. Dabei gab es ein Abenteuer, das ein anderer als der große Turner „Rambo" kaum bestanden hätte. Die beiden Brüder hingen in der unheimlich exponierten Gipfelwand. Auf dem Westgrat saßen Piaz und einige andere Bergsteiger als interessierte Zuschauer.

Otto Herzog schlug einen Abseilhaken, aber nachdem er von dessen Halt nicht überzeugt war, forderte er Christian auf, ein Seilende abzuschneiden, um damit den Haken zu sichern. Das Seil war bereits durch die Hakenöse gezogen, „Rambo" hatte sich losgebunden und warf den Seilring über einen etwas höher befindlichen Felszacken. Um den Halt zu erproben und den Zuschauern am Westgrat eine akrobatische Einlage zu zeigen, machte er an dem Seilring einen Klimmzug. Das heißt, er wollte einen machen! Denn als er sich hochzog, riß der Seilring, den Christian versehentlich angeschnitten hatte, entzwei. „Rambo" stürzte frei und ohne Seilsicherung rücklings in die Luft. Da zeigte sich der Turner, der Salto und Riesenschwung beherrschte. Ein Überschlag und dann eingekrallt am senkrechten Gestein! Das Seil! Da hing es. Ein Griff und mit seiner Bärenkraft klammerte sich der Gestürzte fest und bremste den Flug nach 10 Metern ab. Kein Wunder, daß die Zuschauer am Westgrat erschrocken aufsprangen und Christian nicht mehr weiter über die Südwand absteigen wollte. Aber „Rambo" ging seinen Weg unerschrocken und beharrlich zu Ende. Es war die letzte Kletterfahrt, bevor er einrücken und an die Front mußte.

Quergang in der Südostwand des Westgratturms der Schüsselkarspitze (Knapp-Führe, VI). Das Bild zeigt eindrucksvoll den kompakten, plattigen Fels und die moderne Technik, mit der es möglich ist, sich in diesem Gelände fortzubewegen.

Nachfolgend die Daten der ersten zehn Begehungen:

1. Hans Fiechtl und Otto Herzog, 1. 10. 1913
2. Christian und Otto Herzog, 11. 6. 1914
3. Heinrich Schneider und Hans Theato, 19. 7. 1920
4. Paul Diem und Karl Schüle, 8. 8. 1920
5. Konrad Baumgartner, Emil Hensler und Friedl Pfeifer, 7. 1922
6. Ludwig Bauer und Georg Gruber, 7. 8. 1922
7. Willy Merkl und Ernst Seidel, 11. 8. 1923
8. Fritz Lantschner, Wulfo Lob und Roland Rossi, 8. 9. 1923
9. Arwed und Rudi Möhn und Willo Welzenbach, 12. 9. 1923
10. Eugen Röckl und Fritz Wießner, 7. 8. 1924.

Und wie sieht der junge Kletterer von heute die Südwand der Schüsselkarspitze? Der Herzog-Fiechtl-Durchstieg gilt immer noch als eine ernste und schwierige Tour. Als zweite Route wurde in der westlichen Wandhälfte 1927 von K. Linden, R. Maier und den Brüdern Werner und Wolfram Spindler der Plattenschuß- oder Spindlerweg eröffnet. Er erreicht in technisch ausgetüftelter Kletterei die weniger steilen Platten, bietet hier Genußkletterei und endet ziemlich tief am Westgrat. Später wurden zum Spindlerweg noch drei Einstiegsvarianten gefunden. An einer, dem Auckenthalerriß, stürzte 1936 der hervorragende Innsbrucker Kaminkehrer und Barfußkletterer M. Auckenthaler durch Ausbrechen eines Felsblocks tödlich ab.

Einen in der Routenführung sehr schönen Durchstieg fanden 1933 J. Bertl und A. Göttner: Die Südverschneidung (V). Sie verbindet den Spindlerweg nach den Einstiegsschwierigkeiten mit dem Ausstieg des Herzogweges. 1965 wurde eine Neue Südverschneidung (VI) von F. Sint und H. Perktold durchklettert. Die markante Verschneidung fällt im unteren Wandteil auf und endet etwa in der Höhe der Querungen des Herzog-Fiechtl-Weges. Eine Direktführe (VI), die auch einen Dülfer erfreut hätte, erschlossen 1936 zwei der besten Tiroler: Paul Aschenbrenner und K. Rainer. Die beiden schreckten nicht zurück vor den Überhängen oberhalb des alten „Acht-Meter-Wandls". „Schön und genußvoll" sagten die Erstbegeher zu dieser scharfen Kletterei.

Mit 9 Haken „erbohrten" sich 1958 Friedl Purtscheller und Gernot Wersin den Verbindungsweg (VI) vom Herzogpfeiler zum oberen Teil der Südostwand.

Die Südostwand setzt noch tiefer im Kar an. Sie ist also höher und erwies sich als schwieriger als die Südwand. Die ersten Versuche scheiterten, obwohl ausgezeichnete Kletterer wie E. Krebs und T. Schmid antraten. Auch Dülfer soll schon 20 Jahre früher nach Möglichkeiten gesucht haben. Als hartnäckige Bewerber traten A. Göttner und M. Meier an. Am 1. Oktober 1933 wagten sie, verstärkt durch A. Herbst und H. Ellner, den ersten Vorstoß. Vor genau 20 Jahren hatten Herzog und Fiechtl drüben in der Südwand um den Sieg gerungen.

Die vier Kletterer in der Südostwand fanden an diesem Tag den Schlüssel zum Erfolg. Fast 300 Meter hatten sie erobert, dann seilten sie sich beim Schein des Vollmonds ab und standen um Mitternacht unten im Geröll.

Am 25. und 26. Juni 1934 fiel der Sieg an die Münchner R. Peters und R. Haringer. Nach einem Biwak mußten sie bei Regen- und Hagelschauern an äußerst schwierigem Fels weiterklettern. 18 Stunden waren sie in der 600 Meter hohen Mauer unterwegs. Ein spektakulärer Erfolg! Die Südostwand galt als schwierigste Fahrt im Wetterstein, ja in den Nördlichen Kalkalpen.

Peters und Haringer wagten hernach einen Ersteigungsversuch der Grandes-Jorasses-Nordwand. Dabei stürzte Haringer in der Höhe des dritten Eisfeldes tödlich ab. Als Göttner nach der ersten Begehung des vollständigen Peutereygrates vom Montblanc zu seiner Wand zurückkehrte, blieb ihm nur noch die fünfte Begehung. Aber eine Aufgabe stellte er sich doch: die erste Winterbegehung.

Ein Bravourstück sei noch erwähnt: der erste Alleingang durch die Südostwand am 3. August 1947 durch den Tiroler K. Gombocz.

Schließlich blieb noch die Ostwand (VI). Hier holten sich 1938 wieder einmal zwei Einheimische den Lorbeer: L. Kleisl und M. Schober — eine hervorragende Seilschaft!

So haben Kletterer aus Bayern und Tirol in die Südabstürze der Schüsselkarspitze eine Geschichte des modernen Felskletterns geschrieben.

Freude am Wettersteinkalk

Als Zeichen zunehmenden Spezialistentums ist es zu werten, daß sich die Spitzenkletterer der Zeit vor dem ersten Weltkrieg auf bestimmte Gebirgsgruppen festlegten. Etwa die in der Münchner Alpenvereins-Sektion Bayerland vereinigten Koryphäen. Von Hans Dülfer ist überhaupt keine Wettersteintour bekannt, außer seinem erfolglosen Antrittsbesuch bei den Südabstürzen der Schüsselkarspitze. In seinen Tourenberichten der besten Jahre fand ich nur Eintragungen über Kletterfahrten im Kaiser und in den Dolomiten. Auch Otto Herzog, der sich mit Haut und Haaren dem Karwendel verschrieben hatte, kam nur einmal, aber glanzvoll mit seiner Schüsselkar-Südwand zu Erstbegeher-Ehren. Paul Preuß war etwas universeller eingestellt, und immerhin mit zwei IVer-Touren an der Wetterstein-Erschließung beteiligt: dem Hochwanner-Nordwestgrat und dem Südgrat des Öfelekopf-Westgipfels. Auch der Kaiserpapst Franz Nieberl ist seinen Hausbergen treu geblieben und hat sich im Wetterstein mit seinem Freund J. Klammer 1906 nur einmal in der Musterstein-Südwand betätigt.

Ebenfalls „Bayerländer" war der aus Posen stammende H. Eichhorn, der an der TH in München studierte. Sein Wettersteinberg, wo er sich 1916/17 mit vier Neutouren Denkmäler setzte, war die Partenkirchner Dreitorspitze. Mit H. Theato machte er die prächtige, griffige Ostwand des Nordostgipfels, den Ostgrat und 1917 den Nordgrat des Westgipfels. Als Siebzigjähriger schrieb er mir kurz vor seinem Tode: „Die Ostwand — meine schönste Erinnerung!". Seine größte Wettersteinfahrt war der fast 1000 Meter hohe Nordwestgrat des Westgipfels mit H. Ehret und H. Theato, den Welzenbach Eichhorngrat taufte und Fischer-Franzl als „Oachkatzlgrat" in den Oberreintaler Sprachgebrauch einführte.

Im Sommer 1920 machte sich der Münchner Nervenarzt Karl Hannemann auf Problemsuche. Meist begleiteten ihn die im Elbsandstein geschulten Brüder E. und U. Hoesch. Auch zwei klettertüchtige Damen gehörten zum Freundeskreis: Hertha von Preger und Lilly Steppes, die beide in den Bergen das Leben ließen. Im Bereich des Höllentals gelangen Hannemann vier Neutouren: Die kurze, von Rissen durchzogene Waxenstein-Südwand, die scharfe Höllentorkopf-Westkante, die Zwölferkante mit ihren Erosionsrillen (heute eine beliebte Modetour) und am nächsten Tag der Nordwestabbruch der Alpspitze. Im herrlichen Gebiet um die Meilerhütte gab es ebenfalls reiche Ernte: Mit W. von Redwitz, dem Dülfer-Gefährten von der Totenkirchl-Westwand, suchte Hannemann einen direkten Weg durch die Musterstein-Südwand. Meist gleichzeitig kletternd, brauchten sie nur eineinhalb Stunden und stiegen nach Norden ab. Dabei entdeckten sie die Nordwestwand, die Hannemann mit U. Hoesch einige Wochen später durchkletterte. Weitere Neufahrten waren: die Ostkante des Nordostgipfels der Partenkirchner Dreitorspitze und die Nordostwand der Leutascher. Schließlich berichtete er von der Ostwand eines „Namenlosen Turmes", „eine unheimlich glatte, nur senkrechte Plattenmauer". Der mit dem Nordostgipfel der Dreitorspitze zusammenhängende Zacken wurde später „Bayerländerturm" getauft. Die Ostwand, die Hannemann mit U. Hoesch und Hertha von Preger machte, und überschätzt als „das Abweisendste" bezeichnete, „was es an Kletterstellen gibt", gilt heute als IV+ . Immerhin eine luftige, elegante Kletterei, die mich immer wieder faszinierte.

Die Meilerhütte, 2380 m, in der Einschartung des Dreitorspitzgatterls gegen die Törlspitzen, 2343 m. Die neue Meilerhütte wurde 1911 von der Alpenvereinssektion Bayerland erbaut und wird nun von der Sektion Garmisch-Partenkirchen betreut. Sie ist ein günstiger Stützpunkt für eine große Auswahl von Berg- und Kletterfahrten im Bereich der Dreitorspitze und des Mustersteins.

Oberreintal — das Paradies der Türme

Der Wetterstein-Erschließer H. Leberle sprach 1905 von den „stillen, weltvergessenen Oberreintaler Bergen". Aus heutiger Sicht gilt: Was für den Wilden Kaiser die Steinerne Rinne ist, das ist im Wetterstein das Oberreintal. Hier wie dort drängen sich auf engem Raum Wände, Pfeiler und Kanten zusammen, die von der Genußkletterei bis zum VI. Grad ein grandioses Spektrum bieten.

Zu den Entdeckern des Oberreintals als Kletterparadies gehört Anton Schmid. Er erinnert sich: „Im Jahre 1904 näherte ich mich zum ersten Male zaghaft diesem hohen, im Schwaiger'schen Führer als ‚großartig' beschriebenen Felsenreiche. An der Klamm über der Bockhütte begegnete ich Steigarbeitern, die mich jungen Fanten zurückweisen wollten. Als ich dann im Oberreintalboden den Schafhirten bei seiner weißen Herde sah, versteckte ich mich in einer Felskluft, um nicht heimgeschickt zu werden. Eine überirdisch strahlende Schar von Türmen ragte hier. Der schreckliche Ernst wurde nur durch eine Raseninsel gemildert, auf der hohe Fichten standen und Ahornwipfel im Winde rauschten. In der Mitte des Kessels ragte ein dunkler Turm, links strebten hohe Grate wie eine Kathedrale empor, rechts standen verwegene Bauten. Ich fühlte mich wie in der Schmiede der Welten, aus der Türme gehämmert und Grate emporgehoben worden waren. Der in der Mitte des Oberreintals stehende Turm wurde von mir im September 1908 angegangen. Allein war ich bis zum obersten Überhang des tiefen Kamins gekommen, wollte aber die gefährliche Stelle nicht ohne Sicherung überwinden."

Der Schachenwirt Franz Dengg empfahl Anselm Barth den Älteren, einen blonden Hünen, als Begleiter, und noch im gleichen Sommer erkletterten die beiden den Turm durch den 100-Meter-Kamin an der Nordkante (IV). Schmid erzählt weiter: „Als ich den Turm Oberreintalturm und die anschließenden Köpfe Oberreintalköpfe benannte, erhob sich im Meilerhütten-Buch ein Sturm der Entrüstung."

Heute ist der Oberreintalturm eines der Hauptkletterziele des Gebietes. Mit H. Behrendt aus Kainzenbad beging Schmid im Herbst 1909 den gewaltigen Westgrat der Dreitorspitze, „das zweite Schaustück des Oberreintals". Wegen der gemachten Erfahrungen als Gipfeltäufer wagten die Erstbegeher keine Benennung der ersten Graterhebung, die später Unterer Berggeistturm getauft wurde. Der Obere Berggeistturm erhielt erst 1926 durch F. und T. Schmid, die Matterhorn-Nordwand-Brüder, Besuch. Um den Teufelsturm gab es noch einmal eine Diskussion. Inzwischen hat sich dafür der Name Oberreintaldom eingebürgert.

Nach dem ersten Weltkrieg sicherten sich die handfesten Kletterer vom Münchner Klub „Hochempor" im Wettersteinfels Ruhm und Ehre. H. Schneider, H. Theato und E. Solleder gingen 1920 in der Umrahmung des Oberreintals neue Wege: Mittlerer Zundernkopf-Ostwand (IV), Nördlicher Zundernkopf-Ostwand (V–), Oberreintalturm-Südwestkante (IV+), Nordwestlicher Zundernkopf-Nordgrat (IV).

1923 betätigten sich die überaus rührigen Brüder Werner und Wolfram Spindler im Oberreintal: Oberreintalturm-Westschlucht (III) und Oberer Schüsselkarturm-Ostwand (IV).

Die schweren Kanten und Wände hatten noch Ruh', sie mußten warten bis die Göttner, Rittler, Schmid, Lesch, Prechtl und Kleisl antraten. Und vor allen M. Schober. Dazu der Fischer-Franzl als Betreuer der Hütte und der ganzen jungen Zunft nach dem zweiten Krieg.

1925 — das Jahr des Willo Welzenbach

Im Sommersemester 1925 war Willo Welzenbach Vorsitzender des Akademischen Alpenvereins München. Ein fünfundzwanzigjähriger Referendar bei der Reichsbahn, als Schüler von H. Pfann bereits eiserfahren und im Fels ein rascher Kletterer, der sowohl die Schüsselkar-Südwand wie die lange Griesner-Kar-Umrahmung im Kaiser hinter sich gebracht hatte. Zur Schüsselkarwand bemerkte er: „Hier hatte ich mein Äußerstes hergegeben". Man übertrug ihm die Neubearbeitung des Wetterstein-Führers von Leberle, die er als Systematiker gewissenhaft ausführte. Das Manuskript mußte bis 31. Dezember 1925 abgeliefert werden. Also ging Welzenbach auf die Pirsch. 17 Fels-Neufahrten waren die Jahresbeute. In der gebräuchlichen Dülferschen Schwierigkeitsskala führte er den VI. Grad ein. Diesen galt es in seiner meistbeachteten Wetterstein-Neutour zu meistern, der Nordwand der Schönangerspitze. War es ein Zufall, daß sich hier zwei spätere Himalajamänner zu einer Seilschaft verbanden? Paul Bauer war der Kampfgenosse Welzenbachs. Die Schönangerspitze-Nordwand blieb lange Zeit gefürchtet und gemieden, nicht so wegen der technischen Schwierigkeiten, sondern wegen ihrer Gefährlichkeit. Und diese ist bedingt durch das sehr brüchige Gestein, ganz besonders an einem 30-Meter-Riß. Ein früher Begeher der Großen Zinne-Nordwand (Comici) äußerte, daß als bergsteigerische Kletterleistung die Schönangermauer über der hakengespickten Dolomitenwand liege. Ansichtssache!

Neben einigen kleineren Fahrten legte Welzenbach auch Routen durch hohe Wettersteinwände. Mit J. Dreher und F. Möhn beging er den Nordwestgrat auf den Kleinen Wanner (IV), mit H. Rüsch die Nordwand (IV) desselben Berges und die Westwand des Zugspitzecks (V). Im Sommer 1926 durchstieg Welzenbach mit J. Dreher noch die gewaltige Südwand der Mittleren Wetterspitze (V).

Welzenbach wandte sich dann den großen Eiswänden der Glocknergruppe und der Westalpen zu. Unter seinen 50 Erstbegehungen überwogen diese. Seine letzte Wettersteinfahrt war die klassische Wetterkante im Jahre 1932. 1934 zog er zum Nanga Parbat. Welzenbachs Freund G. von Kraus charakterisierte ihn so: „Welzenbachs Suchen und Streben nach dem Unbekannten und Neuen hat ihn hinausgetrieben aus den Grenzen seiner felsigen Heimatberge." Leider kehrte er nicht mehr zu ihnen zurück. Am 13. Juli 1934 stand sein Herz in 7050 Meter Höhe am Nanga Parbat still.

Die Mutter Welzenbachs übergab mir nach dem Krieg ein Porträt-Relief ihres Sohnes aus Bronze, das wir an der Toten-Gedenkstätte der Sektion Bayerland unterhalb der Meilerhütte zum ehrenden Andenken an den großen Bergsteiger anbrachten.

Neue Wege der Gebrüder Spindler

Immer wieder stoßen wir in den späten zwanziger Jahren auf die Namen der Brüder Spindler. Sie waren im Sommer wie im Winter erfolgreich unterwegs. Zu ihren bedeutendsten Fahrten gehörte 1926 die Erstbegehung der Kubanek-Spindler-Führe durch die Musterstein-Südwand (V+). Nach zehnstündiger Kletterei stellten die Erstbegeher fest: „Bisher schwierigste Kletterei im Meilerhütten-Gebiet." Sie wurde rasch beliebt und 1944 konnte die 150. Begehung vermerkt werden.

1927 wurde der Spindlerweg durch die Südwand der Schüsselkarspitze (V-) ausgetüftelt. Mit K. Linden und R. Maier waren die Brüder 9 Stunden unterwegs und überlisteten die ausgewölbten Platten. Ihr Urteil im Tourenbuch der Meilerhütte: „Eine Genußkletterei ersten Ranges!" Die leichtere, aber ebenfalls genußreiche Dreitorspitze-Ostwand hat Werner Spindler bis 1929 fünfundzwanzigmal begangen. Ein Silberjubiläum! J. Dreher war 1920 sein Gefährte bei der Erstbegehung der sehr ernst zu nehmenden Mittelgipfel-Ostwand (V+).

Die Tiroler waren in dieser Zeit unter den Neulandsuchern etwas im Hintertreffen. 1933 tauchten gute Namen auf: H. Tiefenbrunner und H. Frenademetz in der Öfelekopf-Südwestwand (V+), 1935 dieselben in einer neuen Route durch die Hochwanner-Nordwand (V) und H. Frenademetz, W. Mariner und H. Rebitsch am 600 Meter hohen Öfelekopf-Südwestpfeiler (VI). „Seillänge um Seillänge immer an der Grenze des Möglichen", schrieb 1960 ein junger Kletterer anerkennend.

Drei Münchner Erfolge

Im Oktober 1933 erkämpfte sich der alternde Felskämpe A. Deye und der junge R. Peters eine finessenreiche Führe durch die gelbgefleckte plattige Ostwand des Östlichen Riffelkopfes (VI—), mit dem gefürchteten „Problemwandl" und einem Seilquergang. Um dieselbe Zeit begann man die Südostwand der Schüsselkarspitze zu umwerben. Man sagte, ein H. Dülfer habe sie schon geprüft und T. Schmid sie versucht. Am 1. Oktober 1933 griffen A. Göttner, M. Meier, B. Herbst und H. Ellner ernst entschlossen an. Mehr als 300 Meter gewannen sie in freundschaftlichem Zusammenspiel und hielten den Schlüssel zum Erfolg bereits in Händen. Dann kam die Nacht und bei Vollmondlicht seilten sich die vier nach unten aus der Plattenflucht.

Während Göttner in den Westalpen den gesamten Peutereygrat des Montblanc erstmals überschritt, durchkletterten R. Peters und R. Haringer am 25. und 26. Juni 1934 die Südostwand vollständig.

Im Herbst kamen Göttner und Meier wieder zu ihrer Wand. Sie hofften, wenigstens die zweiten zu sein, aber als sie das Gipfelbuch aufschlugen, sahen sie, daß sie die fünften waren. Die 600 Meter hohe Südostwand kam rasch in Mode. Sie gilt heute noch als typischer VI. Grad. Kurt Hausmann schrieb 20 Jahre nach der Erstbegehung: „Stunden hängen wir schon in der lotrechten Südostwand, plagen uns in den griffarmen, immer wieder überhängenden Rissen. Anstrengend ist diese Art der Kletterei, das einzig Markante: die pausenlose Schwierigkeit."

1935 gelang noch eine Elite-Fahrt. Die beiden „Hochländer" Th. Hüttenhofer und T. Wiedemann bezwangen den senkrecht abbrechenden „Blassenpfeiler", die direkte Nordkante des Hochblassens (VI). Die unteren 250 Meter sind ein Prüfstein für Mut und solides Können. Und dabei ist zu bedenken, daß diese „äußersten" Schwierigkeiten noch mit Manchonsohlen und Hanfseilen gemeistert wurden, denn Gummiprofilsohlen und Perlonseile waren noch nicht erfunden.

Die Ära Michael Schober

„Um das Jahr 1937 taucht in den Hüttenbüchern des Wettersteins der Name eines blutjungen Garmischers auf, der bald die schwersten Touren, die es damals gab, ausführte: M. Schober. Im Jahr darauf tritt er mit neuen Touren hervor, die an Schwierigkeiten fast alles übertrafen, was zuvor in diesem Gebiet gemacht worden war, und eine neue Phase der Erschließertätigkeit im Wetterstein einleiteten." Dies schrieb Richard Hechtel, der seit Jahren in den USA lebt und in jungen Jahren ein begeisterter und leistungsstarker „Oberreintaler" war. Wie von den „Dülfer-Führen" im Kaiser spricht man heute noch mit großem Respekt von den „Schober-Routen" im Wetterstein. Die erste glückte am 26. Juli 1938: die 600 Meter hohe Ostwand der Schüsselkarspitze (VI). Sein Begleiter und Mitstreiter war, wie später noch oft, L. Kleisl. Nach drei Tagen waren die beiden in der Nordwestwand des Nördlichen Oberreintalkopfes (VI) erfolgreich. In K. Münch fand Schober einen gleichwertigen Gefährten, mit dem ihm 1938 großartige Klettereien VI. Grades gelangen: die Riffelkopf-Südostwand, die Nordostwand des Oberen Schüsselkarturms und die Nordwand die Unteren Schüsselkarturms.

K. Hausmann, der die 7. Begehung ausführte, schrieb: „Die Nordwand des Unteren Schüsselkarturms wird auch einem an extremen Fels gewohnten Auge das Bild der Unbezwingbarkeit sein. 300 Meter lotrecht, oft überhängend, kaum von feinsten Rissen gespalten, ragen gelbschwarze Fluchten aus dem Kar. Schobers größter Sieg im Wetterstein-Hauptkamm!"

Insgesamt gibt es zehn „Schober-Routen" im Wetterstein, aber ihr Erschließer kannte auch die Nordwände der Großen Zinne, des Monte Pelmo und der Civetta. Ein Beweis für Schobers Aktivität: Die Südostwand der Schüsselkarspitze durchkletterte er dreizehnmal! Er wurde nur 22 Jahre alt, ein Opfer des Krieges. Michael Schober starb als Soldat in Frankreich am 12. Juni 1940. Sein Name ist nicht ausgelöscht und vergessen, „der Name des Mannes mit dem virtuosen Kletterkönnen" (Hausmann, 1954). Die „Schober-Routen" sind Garanten, daß man sich seiner erinnert, so lange junge Menschen im Wetterstein zum Klettern gehen.

Krieg und „Gelbe-Rüben-Zeit"

Im Frühsommer 1939 dachten die jungen Kletterer in Bayern und Tirol noch nicht an Kriege. Sie suchten und fanden weiterhin ihre kleinen Abenteuer im Fels. Am Musterstein entdeckten die Innsbrucker S. Douschan, W. Mariner und K. Rainer den Südpfeiler mit einem 35-Meter-Riß als Schlüsselstelle (VI). Als schönster Erfolg des Jahres darf die direkte Führe durch die Südwand der Schüsselkarspitze gelten. Schon öfter wurde versucht, vom „Acht-Meter-Wandl" der Herzog-Fiechtl-Führe über schwarzgelbe Felsdächer gerade zum Gipfel zu klettern. Paul Aschenbrenner und H. Frenademetz fanden anfangs verrostete Mauerhaken, als sie probierten, hier höher zu kommen. Es blieb bei einem Versuch, das Wetter spielte nicht mit. Am 25. Juni kam Aschenbrenner mit Kuno Rainer wieder. Bei Regen stiegen sie in den triefenden Fels am Pfeiler ein und standen bald unter dem ersten Dachüberhang. In wechselnder Führung wurden die schwierigen Passagen überwunden, dann bot die Wand überraschend freie Kletterei am festem, griffigem Fels. Aschenbrenner: „Eine geradezu wunderbare Felsarbeit!" In siebeneinhalb Stunden war der Durchstieg gelungen, in Verbindung mit den linken Pfeilerrissen (Erstbegeher H. Hintermeier und S. Meindl, 1935) eine ideale Direktroute (VI).

Dann gab es doch Krieg und in der Chronik des Wettersteingebirges war von 1941—44 nichts zu melden. Auf dem Zugspitzplatt fand ab und zu eine militärische Übung statt und auf dem Gipfel hielten Beobachter Ausschau nach Bomberschwärmen.

1945, nach dem Zusammenbruch, regte sich wieder ein zaghafter Anfang von alten heimgekehrten und jung entschlossenen Kletterern. Eine aus Werdenfelsern und Münchnern bestehende Viererseilschaft (J. Becherer, R. Hechtel, A. Jörg und B. Pflugmacher) fand in der Musterstein-Südwand einen direkten Ausstieg zum Gipfel (VI—). Und im Oberreintal rauchte wieder der Ofen! Hier trafen sich die jungen Bergvagabunden mit den schmalen Geldbeuteln. Erste Neutour: Oberreintalturm-Ostpfeiler (VI) D. Cukrowski und M. Schließler. Zwei Namen, die man bald mit Hochachtung aussprach.

D. Cukrowski vermittelt uns ein Streiflicht aus jener Hungerzeit: „Im Juli 1946 weilte ich mit meinem Freund Karl im Oberreintal. Eines schönen Tages aber mußten wir nach einer sog. Kalorienrevision unseren völligen Bankrott feststellen. Nachdem wir hin und her überlegt hatten, sah Karl die letzte Rettung in einem Besuch bei Otto Eidenschink auf dem Waxensteinhütterl. Er vermutete nämlich, daß unser Freund mit uns Mitleid haben würde. Wir hatten uns nicht getäuscht. Bei Otto fanden wir ansehnliche Mengen von Rüben und Kartoffeln und etliche Büchsen mit der Aufschrift ‚Spinat'. Das Ganze sogleich nach der neuzeitlichen Formel ‚900 Kalorien pro Kopf und Tag' umgerechnet, ergab wieder X-Bergfahrten."

O. Eidenschink war schon vor dem Krieg oft und gern im Wetterstein. Mit den Kameraden von der Jungmannschaft der Sektion München gelang ihm manche schneidige Tour. Nach dem Krieg, den er leidlich überstanden hatte, hauste er, um ein Auge ärmer geworden, in der kleinen, unbewirtschafteten Waxensteinhütte. Mit gelben Rüben und einem Kanten Brot ging er trotz aller Not zum Klettern.

Glücklich notierte er 1946 nach einem Beutezug: „Mein Einkauf im Tal hat sich gelohnt: 50 Pfund Kartoffel, etwas Suppenpulver und eine Monatsration Fett von 100 Gramm, dazu ein Pfund Brot waren meine Errungenschaften." Das waren Tage der Felsidealisten!

Ein Versuch, mit gelben Rüben als Kraftnahrung, den Nordpfeiler der Schönangerspitze zu erklettern, scheiterte in Gipfelnähe. Erst zwei Jahre später, am 6. August 1948, glückte O. Eidenschink mit D. Cukrowski der Durchstieg (VI).

Zum Bild auf der folgenden Doppelseite: Das tirolische Leutascher Tal mit seiner verstreuten Besiedlung ist ein landschaftliches Juwel, sei es im Frühling, wenn die feuchten Wiesen mit Krokussen übersät sind, oder im Herbst, wenn sich die Birken und die langgezogene Südfront des Wettersteins in den Moorweihern spiegeln.

Aber schon 1946 machte Eidenschink am Großen Waxenstein die Nordwand (V) und mit A. Lippl den Nordwestpfeiler (VI—), die Schönangerspitze-Nordwestwand (VI) und die Schöneckspitze-Nordwestwand (VI—). Schöne, ruhige Touren abseits des Modetrends.

Damals waren Kletterschuhe Mangelware. Ich kaufte einmal einen Waggon Hanfseile aus Heeresbeständen und verteilte sie an die Alpenvereins-Sektionen für ihre Jungmannschaften. Auch undefinierbares Suppenpulver gab es ab und zu für die Hütten. Von der Meilerhütte zu den Einstiegen in die Dreitorspitze-Ostwand und in die Musterstein-Südwand mußte man schleichen wie ein Dieb,

denn das Überschreiten der bewachten Grenze war verboten. Beim Heimweg vom Öfelekopf wurden wir einmal von einer französischen Militärpatrouille gehetzt und entkamen ihr nur über die Dreitorspitzen. Wer von den motorisierten, prima ausstaffierten Jungen von heute kann sich das vorstellen? Und trotz alledem wurde geklettert.

Der Wilde Kaiser war feindliches Ausland und das gute, alte Wettersteingebirge stand bei den Münchner Bergsteigern wieder hoch im Kurs. 1946 wurde ein guter Sommer. K. Hausmann und H. Köllensperger durchstiegen die Nordwand des Nordwestlichen Zundernkopfes (V+), M. Brych und W. Fischer die direkte Westwand des Oberreintalturms (VI—), H. Buhl und J. Spindler den Oberreintalschrofen-Südpfeiler (V—VI) und A. Lippl und H. Prechtl die Jungfernkarkopf-Nordwestwand (VI—). Ausgesprochen schöne Kletterei erlebten M. Brych und W. Fischer in der direkten Westwand des Oberreintalturms (VI—).

1948 scheint in der Chronik erstmals der Name H. Pfanzelt auf. Mit H. Panholzer gelang ihm die Höllentorkopf-Südwestwand (VI—). Im Sommer 1949 fand er am Hochblassen zwei schöne Felsprobleme, die er mit K. Simon löste: die direkte Südwand (V) und den Südpfeiler (VI—). Große Verdienste erwarb sich Pfanzelt durch die Bearbeitung des 1971 im Bergverlag Rother erschienenen Alpenvereins-Führers „Wetterstein und Mieminger Kette". Als Ausbildungsleiter der Jungmannschaft der Sektion Garmisch-Partenkirchen kümmerte er sich ferner um den Werdenfelser Bergsteigernachwuchs.

Wieder einmal: Die letzten Probleme

Der kommenden Generation blieb nicht mehr allzuviel an Problemen. Trotzdem wurden noch sehr schöne, durchwegs äußerst schwierige Routen eröffnet. Am 23. September 1949 gelang der Seilschaft Jörg-Kleisl die Bewältigung der direkten Südwand des Hohen Gaif (VI+), eine kompakte Plattenflucht. Zu den Bayern und Tirolern kamen ab 1950 auch viele draufgängerische Elbsandsteinkletterer. Der Dresdner K. Gonda und H. Hackel erzielten 1952 mit der ersten Erkletterung der Nordverschneidung des Oberreintaldoms (VI+) einen schönen, vielbeachteten Erfolg. Das war extreme Freikletterei nach dem Geschmack der Sachsen. Der dreiundzwanzigjährige Gonda stürzte ein Jahr später in der Eiger-Nordwand tödlich ab.

Der Oberreintaldom ließ sich noch weitere Routen abringen: 1954 durch L. Brandler und Walpert die Nordwestwand (VI), 1959 durch F. und W. Scheffler die „PS-Verschneidung" (VI), ebenfalls in der Nordwestwand, und 1954 durch H. Schöne und H. Wünsche die Westkante (VI). Interessant zu nennen ist auch die Verbindungsroute in der Schüsselkarspitze-Südwand (VI), eine Spange zwischen dem unteren Teil der Herzog-Fiechtl-Führe und den oberen Partien der Südostwand.

Am Oberreintalschrofen gab es noch drei neue Südanstiege: 1961 durch A. Mey und W. von Späth einen direkten Südpfeiler (VI), 1964 durch W. und S. Huber eine direkte Südwand (VI) und 1967 durch S. Gschwendtner und E. Stiebritz einen Südwestpfeiler (VI).

Rein klettersportliche Unternehmungen waren die beiden folgenden Aufstiege: 1966 über die Holzerwand (VI) durch A. Larcher und F. Steiner. 80 Haken wurden verwendet und einmal mußte gebohrt werden. 1967 die „Schwarze Wand" an der Mittleren Höllentalspitze durch die Eiger-Direttissima-Männer P. Haag, J. Lehne, R. Rosenzopf und G. Schnaidt (VI+). Auch der Riffelkopf-Südostpfeiler (VI+) brachte eine Steigerung der Schwierigkeit mit viel Eisenaufwand. Die Erstbegeher: W. Henke und H. Hillmaier.

An den Südabstürzen, den Sonnenwänden des Wettersteins, fanden die Extremkletterer unserer Tage immer wieder Neuland, um ihr hochentwickeltes Können zu beweisen. Am 25. und 26. August 1973 gelang es P. Schubert und K. Werner an der Schüsselkarspitze zwischen Südostwand und Ostwand eine neue Route zu eröffnen, die sie Ostsüdostwand nannten. Die beiden schafften den Aufstieg in abwechselnder Führung und verwendeten 55 Haken und 3 Bohrhaken. Der Einstieg ist identisch mit Schobers Ostwandroute. Nach der 9. Seillänge ist eine Querung nach links zur Südostwandführe möglich. Kurz vor dem Ausstieg wurde ein Wandbuch hinterlegt. Der neue Durchstieg erhielt im gleichen Sommer noch zwei Wiederholungen. Schwierigkeit: Bis VI—.

Am 31. Juli 1976 legten Th. Gruhl und G. Härter eine neue Route durch die Nordwand der Schönangerspitze. Ein Verschneidungssystem gestattete das Höherkommen. Schwierigkeit: IV bis V, eine Stelle V+. Im Herbst desselben Jahres bewältigte G. Härter die Brandler-Walpert-Route durch die Oberreintaldom-Nordwestwand erstmals im Alleingang.

Seit dem 19. Mai 1977 gibt es im Bereich der Schüsselkarspitze einen Pantherkopf, mit th geschrieben. Er wurde von Mitgliedern des extremen Münchner Kletterklubs „Rosaroter Panther" so getauft, und ist eine Gratkuppe in der Nähe der Dreizinkenspitze, mit einer 250 Meter hohen rassigen Südwand. Die „Panther" S. Gschwendtner, F. Scheidhacker und N.Sialowsky haben hier in einer Folge von Rissen und Rißkaminen eine neue Kletterroute eröffnet. Die Schwierigkeiten wurden mit VI—, meistens V und IV angegeben. „Es handelt sich um prachtvolle Kletterei im allerbesten, festen und rauhen Fels", schrieb der Fünftbegeher M. Vogeley. „Die neun Seillängen gehören zu den genußvollsten, die wir bisher im Kalk geklettert sind." Übrigens wurde die „Panther"-Tour bis Ende 1978 etwa zehnmal wiederholt.

Die Seilschaft Henke-Hillmaier eröffnete eine neue lange Kletterfahrt (17 Seillängen) durch die Dreizinkentürme-Südwand. Schwierigkeit: Bis VI—.

In der Öfelekopf-Südwand wurde ein „Vergessener Pfeiler entdeckt und von H. M. Götz und A. Schrank am 15. Juli 1978 erstmals begangen. Die Erstbegeher berichteten von Freikletterei mit einer Stelle VI—. Damit ist der Chronist vorläufig am Ende, wegen Lücken bittet er um Absolution.

Heinrich Schwaiger schrieb 1901 in der 2. Auflage seines Wettersteinführers: „Außer der Lösung einiger weniger Probleme ist nichts wichtiges mehr zu machen." Und Hans Leberle bekräftigte dies in seiner großen Monographie 1905: „Im Wetterstein nichts Neues mehr!"

Nun, die alpinen Väter haben sich getäuscht! Die perfekte moderne Ausrüstung und die ausgefeilte Technik ermöglichten es den „Epigonen" Kletterrouten zu eröffnen, von denen die Erschließer um die Jahrhundertwende sich nicht einmal zu träumen gewagt hätten. Von den mehr als 250 neuen Anstiegen sind einige zu den schwierigsten Klettereien in den Nördlichen Kalkalpen zu zählen. Von den 65 Neutouren, die vom Kriegsende bis heute ausgeführt wurden, fallen fast alle in den Bereich des VI. Schwierigkeitsgrades. Im Gegensatz zu Schwaiger und Leberle meine ich: Es wird sich auch zukünftig noch manche neue Kletterführe in den Falten des Wettersteingebirges verwirklichen lassen.

Grate und Wände im Winter

Die ersten bedeutenden Wintertouren im Wetterstein galten natürlich der Zugspitze. Die Münchner Ferdinand Kilger, Heinrich Schwaiger, Heinrich und Josef Zametzer und Alois Zott brachen am 6. Januar 1882 morgens 5 Uhr von Partenkirchen auf zum langen Marsch durch das Reintal und hielten in der Angerhütte Mittagsrast. Bis zu einem Meter tief lag der Schnee auf dem Weiterweg zur Knorrhütte, die gegen 16 Uhr erreicht wurde. Am folgenden Morgen verließen die fünf Männer nach 3 Uhr die Hütte und stapften mit Schneereifen Richtung Schneefernerkopf. Nach diesem Gipfelbesuch wandten sie sich der Zugspitze zu, die sie über 45 Grad steile Schneehänge und Felsstufen erklommen. Um 14 Uhr begannen sie zur Knorrhütte abzusteigen, die sie bei Schneegestöber erreichten. Am nächsten Tag mußten infolge der ergiebigen Schneefälle die Reifen bis zur Angerhütte benützt werden.

Drei Wochen später, am 29. Januar 1882, wagte der aus England stammende und damals in Feldafing lebende Alpenmaler E. T. Compton mit dem Koser-Hans eine winterliche Zugspitzbesteigung, und zwar vom Eibsee aus, durch das österreichische Schneekar. Die Leitern und Eisenstifte lagen größtenteils unter dem Schnee, zuletzt erwies sich sogar Stufenhacken als notwendig. Man muß anerkennen, daß solche winterlichen Bergfahrten, allein wegen des Schneewatens über 2000 Höhenmeter eine stramme physische Leistung waren. Max Krieger, der Zugspitz-Chronist jener Zeit, schrieb 1884 „er halte diese Winterausflüge für sehr bedenklich und möchte vor Wiederholungen warnen.

Aber wie meistens in solchen Fällen waren die warnenden Worte in den Wind gesprochen. Allerdings mußte die beherrschende Partenkirchner Dreitorspitze, ein echtes Bergsteigerziel, auf einen Winterbesuch bis 1901 warten. Erfolgreich betätigte sich am 25. Januar der Tiroler Otto Ampferer, der Ersteiger des Campanile basso in der Brenta, mit seinen Innsbrucker Kameraden W. Hammer und H. Schmotzer.

Nachfolgend ist es nur möglich, auf einige der markantesten Wand- und Grattouren im Winter einzugehen.

Bereits 1927 überschritten Walter Hofmeier, der Verfasser des Buches „Bergsteigen im Winter" (1925), und seine AAVM-Kameraden Karl von Kraus und Karl Wien den Grat Zugspitze — Alpspitze (Jubiläumsgrat). Im gleichen Winter beging Wolfram Spindler den Blassengrat allein und drei Jahre später den Teufelsgrat und den Wettersteingrat (Törlspitze — Untere Wettersteinspitze). Ihrer Zeit voraus eilten die jungen Mittenwalder Mathias Krinner und Hans Kofler mit der ersten Winterbegehung des Herzog-Fiechtlweges durch die Südwand der Schüsselkarspitze am 26. und 27. Januar 1932. Sie eröffneten damit den Ansturm auf die schwierigsten Wände.

Winterliche Klettereien in den Ostalpen kamen allmählich in Mode. Man wollte ja gerne „erste Begehungen" machen und außerdem ging es um Erfahrungsammeln und Training für Westalpentouren und Expeditionen. Im Sommer 1934 war Rudi Peters und Rudi Haringer die erste vollständige Durchkletterung der Schüsselkarspitze-Südostwand gelungen, nachdem Adolf Göttner mit Freunden schon 300 Meter vorgearbeitet hatte. Ende Februar 1936 tat sich Göttner mit Peters zusammen, um den ersten Winterdurchstieg zu versuchen. Mit der damaligen Ausrüstung ein tollkühnes Unterfangen! Der 35 Pfund schwere Rucksack, den sie mitschleppten, enthielt: Zwei Flanellschlafsäcke, Zdarskysack, Benzinkocher, Socken, Unterhosen und Pullover, einen Stoß Zeitungen als Kälteschutz, Proviant für vier Tage und eine Teppichbürste, um Schnee von den Griffen zu fegen. Mit zwei 30-Meter-Hanfseilen verbunden stiegen die beiden am Morgen des 27. Februar bei 15 Grad Minus ein.

Göttner berichtete: „In äußerst schwierigem und überhängendem Fels, mit 35 Pfund auf dem Rücken, bei Kälte und Schnee kann man nicht elegant klettern. Da schnappt man nach jedem Griff, macht Klimmzüge an wackligen Blöcken, zieht sich an den Seilen empor, benutzt die Knie, kurz, man begeht sämtliche Todsünden der modernen Kletterei. Schwieriger und gefährlicher ist unser Weg als alles, was wir vorher in den Bergen unternommen haben." Nach einem Biwak glichen „die Kletterschuhe harten Eisklumpen, in denen die kältestarren Füße steckten." Beim Weitergang stürzte Peters, zog sich Kopfverletzungen zu und litt unter Bewußtseinsstörungen. Aber die beiden harten Burschen erreichten den Gipfel. Und sie kamen zu einem Entschluß, der seinesgleichen sucht: Abseilen über die 600 Meter hohe Wand, das hieß fünfundzwanzigmal einen Haken schlagen und eine Seillänge in die Tiefe schweben, ohne Sicherung, nur mit einer dünnen Reepschnur verbunden. Aus Göttners Bericht: „400 Meter sind wir so hinuntergekommen. Der Sturm hat uns geschüttelt und der Schnee die Gesichter verklebt. Ganze Seillängen sind wir frei am Strick gebaumelt, bis wir wieder einen Absatz fanden. Am Standplatz vor der Rampe verklemmten sich unsere Seile. Eineinhalb Stunden zerrten wir daran, wir konnten sie aber nicht herunterholen." An Mauerhaken hängend verbrachten die beiden schlotternd eine zweite Nacht. Nach insgesamt 53 Stunden standen sie erleichtert am Fuß der Wand.

Aus einem winterlichen Nebelmeer ragen die Gipfel des Waxensteinkammes, der, wie alle Wettersteingrate, auch im Winter schon begangen wurde. Die Gebrüder Mather benötigten dazu, von der Zugspitze aus, im Februar 1955 fünf Tage.

Mit Hugo Vigl stieg Hermann Buhl (fünf Jahre später Erstersteiger des Nanga Parbat) am 27. Januar 1948 in die Schüsselkarspitze-Südwand ein. Schon in den linken Pfeilerrissen erschwerte starke Vereisung das Vorwärtskommen. Schneebalkone klebten an der Steilwand und gefährdeten die Kletterer. In der direkten Route von Aschenbrenner und Rainer überraschte sie die Nacht. Mit gefühllosen Fingern und Zehen kletterten sie trotzdem weiter, überwanden steile Platten mit lockerer Schneeauflage und standen nach 13 Stunden um 2 Uhr auf dem Gipfel. Der Sturm wurde zum Orkan und der Abstieg zum Hasardspiel. Früh 4 Uhr begann es zu schneien. Der letzte Mauerhaken entglitt den klammen Fingern und fiel in die Tiefe. An der Wangscharte mußten sich Buhl und Vigl noch viermal abseilen, ehe sie um 8 Uhr ausgefroren am Fuß der Wand standen. Hermann Buhl bemerkte zu dem harten Abenteuer: „Was wäre aus uns geworden, wenn wir uns auf ein Biwak eingelassen hätten? Wir wissen die Antwort, ohne sie auszusprechen."

Otto Eidenschink beging an Weihnachten 1936 allein den verschneiten Grat vom Hochblassen bis zur Zugspitze in 24 Stunden. Als Härteprüfung für eine geplante Himalaja-Expedition wagte er im Februar 1939 mit Hannes Lanig vom Oberjoch die erste winterliche Erkletterung der Wetterkante. Eine 1000-Meter-Tour! Die beiden kletterten mit Tricounibeschlag auf den Schuhen. Eis glasierte die Felsen, grundloser Pulverschnee füllte die kaminartigen Rinnen. Bei Vollmond gelang es, die letzten Seillängen zu bewältigen. Um 20 Uhr betraten die beiden den Gipfel und beim Abstieg nächtigten sie in der Knorrhütte.

Im Winter 1943 führte Paul Liebl eine Seilschaft durch die Hochwanner-Nordwand. Ein sehr ernstes Unternehmen, das, mitten im Krieg, zu wenig Beachtung fand. Sechs Jahre später ging es um die „Direkte", die Route von Georg Gruber und Ludwig Bauer von 1925. Da zeigten die Jungen, welch hohen Einsatz sie wagten.

Martin Schließler aus Baden-Baden war gerade 20 Jahre alt, geschult am Battert, bestens bewährt an den Wänden rings um das Oberreintal, als er mit Karl Sohler aus Füssen einen verwegenen Plan verwirklichte: die erste Winterbegehung der direkten Hochwanner-Nordwand. 1947 hatte Schließler schon die vierte Winterbegehung der Watzmann-Ostwand ausgeführt. 1948 war ein Versuch am Hochwanner wegen Wetterverschlechterung gescheitert. Auch andere Bewerber mußten umkehren.

Gegen Jahresende saßen Schließler und Sohler beim Fischer-Franzl in der Stuibenhütte. Die beiden verzichteten auf eine zünftige Feier und den Silvesterpunsch und stiegen am 29. Dezember 1949 in die tief verschneite Wand ein. Beim ersten Biwak leuchtete vom Stuibenkopf Fackelschein herüber, ein Freundesgruß vom Fischer-Franzl. Der zweite Biwakplatz wurde erst nach hartem Ringen und dreistündiger Nachtkletterei erreicht. Schließler schrieb: „Ich brauchte oft den ganzen Willen, um weiterzugehen, ins Ungewisse." Schließlers Lebensweg führte weiter zu Westalpenwänden, zu den Bergen der Welt, vom Maler zum Filmemacher. Er konnte ein Erlebnisbuch schreiben: „Beruf Abenteurer".

Der aktivste, älteste und beständigste aller mir bekannten extremen Winterbergsteiger war Georg Maier aus Neu-Ulm. Er kam 1967 durch einen Wächtenabbruch an der Wildspitze ums Leben. Als Vierunddreißigjähriger kehrte er — der Gebirgsjäger — mit einigen Narben und voller Skepsis aus dem Krieg heim und machte sich durch Waldläufe, Skirennen und spartanisches Leben am Berg rasch wieder leistungsfähig. Er brachte es auf rund 2000 extreme Fahrten. An seinem 50. Geburtstag machte er noch den Walkerpfeiler der Grandes Jorasses.

Seine Meinung zum Thema: „Winterbergsteigen ist richtig und gut für den Bergsteiger, der im Laufe der Jahre sich weiterentwickeln und sein Glück an den großen klassischen Wänden und darüber hinaus versuchen will. Das extreme Gehen im Winter setzt wesentlich mehr voraus als im Sommer: Wetterkunde, beste und richtige Ausrüstung, die betreffende Wand möglichst im Sommer vorher durchsteigen, Anmarsch, Abstieg und ein eventuell notwendiges Biwak vorbereiten, Können und Leistungsfähigkeit durch Training steigern."

Auf fast allen Wettersteinfahrten begleitete ihn Hannes Niederberger, sein Seilkamerad für das ganze Leben. Im Dezember 1955 überschritten die beiden erstmals den gesamten, 24 Kilometer langen Wetterstein-Hauptkamm, von der Unteren Wettersteinspitze im Osten bis zur Zugspitze (bis zum Oberreintalschrofen hatte ihn Karl Gonda, der 1953 in der Eiger-Nordwand abstürzte, allein im April 1953 begangen). 82 Stunden hielten sich Maier und Niederberger am großen Grat auf, die reine Gehzeit betrug 58 Stunden. Dreimal biwakierten sie. Schnee und Eis, Wind und Kälte machten ihnen schwer zu schaffen. Insgesamt wurden 38 Gipfel betreten.

Sechs Tage waren 1959 fünf Mitglieder der HTG Oberland unterwegs, um den verlängerten Gratverlauf von der Alpspitze zur Zugspitze und zur Unteren Wettersteinspitze zu überschreiten, und zwar Horst Wels, Albrecht, Buncsak, Jordan und Wolf, in der Zeit vom 15. bis 21. Februar 1959. Eine Trainingsfahrt für eine Anden-Expedition.

1957 gelangen Georg Maier noch beachtenswerte große Winter-Erstbegehungen. Mit Hans Simon die 1100 Meter hohe Jungfernkarkopf-Nordwand in 13 Stunden. Abstieg über den Hochwanner zum Gatterl. Hier hatte Niederberger zwei Paar Ski deponiert, was eine Abfahrt mit wackligen Knien nach Ehrwald ermöglichte. Dann wurde die Seilschaft Maier-Niederberger wieder aktiv. Am 23. März 1957 durchstiegen die beiden die Nordwand der Schönangerspitze bei schlechten Verhältnissen in 11 Stunden. Übergang zu den Riffelspitzen. Vor dem Abstieg zwang die Dunkelheit zu einem Biwak. Maier schrieb mir: „Wir werden die Schönangerspitze im Winter sicher nicht mehr besuchen!" Am 27. und 28. Dezember machten die beiden die Zugspitzeck-Westwand auf dem Welzenbachweg. Ein Weihnachtsgeschenk! Zwei Tage später hingen sie schon wieder in der Südwand der Mittleren Wetterspitze und am 4. und 5. Januar 1958 in der Schneefernerkopf-Westwand. Am 27. April 1958 durchstiegen Maier und Niederberger die Nordwand des Kleinen Wanners, und zwar zwei Drittel Welzenbach-, ein Drittel Schließler-Route.

Die erste Winterbegehung der Schober-Route durch die Ostwand der Schüsselkarspitze war 1953 Ziel der Nürnberger Ludwig Nees und Robert Lukas. Am 6. März um 10 Uhr begannen sie die Kletterei im vereisten Fels. Eisschlag gefährdete sie. Ein Sturz wegen eines ausgebrochenen Hakens verlief glimpflich. Als es dunkel wurde, fanden die Kletterer auf einem kleinen Band einen Biwakplatz. Die neuzeitliche Ausrüstung (Daunenschlafsäcke) machte die kalte Nacht erträglich. Nees: „Wir schliefen gut und erst die Morgenkälte weckte uns. Um 15 Uhr kurze Gipfelfreude, drohender Wettersturz und schwieriger Abstieg über den Westgrat. „Um 18 Uhr standen wir in der Wangscharte. Da brach der erwartete Schneesturm orkanartig los. Ständig von Staublawinen überschüttet, seilten wir uns ins Kar ab. Nacht! Es gelang uns nicht, die Erinnerungshütte zu finden. Längeres Umherirren würde unser Leben gefährden, deshalb stampften wir eine kleine Plattform in den Schnee und wollten den Zeltsack überstülpen. Der Sturm riß ihn in Stücke, auch der zweite bekam einen Riß. Bei 20 Grad Kälte verbrachten wir eine schwere Nacht." Acht Stunden dauerte das Schneewaten bis Leutasch. Hier merkte Nees, daß er die Füße erfroren hatte.

Die jungen Kletterer schreckten nicht vor den schwierigsten Wettersteinfahrten bei winterlichen Erschwernissen zurück. Denken wir an die Riffelkopf-Südostwand (1938, D. Cukrowsky und K. Ritzmann), Öfelekopf-Südwestpfeiler (1948, T. Braun und E. Bozzoni), Unterer Schüsselkarturm-Nordwand (1956, Oswald und Gef.), Oberreintaldom-Gondaverschneidung (1957, F. Vojik und R. Leutenbauer) und die Scheffler-Führe durch die Nordwand (1960 H. Treyz und G. Simon).

Fahrten und Impressionen

Partnachklamm

Die Partnachklamm ist das Felsentor zum Reintal, zum langen Weg auf die Zugspitze. Wäre nicht ein versicherter Steig ausgesprengt, so könnte man vermuten, dem Drachen zu begegnen, wie ihn Arnold Böcklin in seiner schaurigen Felsenschlucht dargestellt hat. Statt dessen Dirndlgewänder, Sandaletten, Strohhüte und aufgespannte Regenschirme. Dazwischen einige eilige Kletterer, die vom Oberreintal kommen und noch von den Wänden reden: Zundernkopf, Berggeistturm, Oberreintaldom . . . Holzknechte arbeiten mit langen, stahlbewehrten Stangen, mit denen sie verklemmte Baumstämme wieder flott machen. Ein gebeugtes altes Weiblein geht vorbei mit einem Kübel voll roter Erdbeeren.

Und die Wasser rauschen . . . Tosend und strudelnd, flaschengrün und weißgischtend unten im Bachbett, und wie Schleier von den Felsdächern in der Höhe rieselnd. Ein Glasperlenspiel! Überall trägt der Fels die Spuren der Schleifarbeit des Wassers. Abgerundet sind die Kanten, ausgespült Becken und Kessel. Wie Rauch schwelt es zwischen den Wänden. Die Mittagssonne sticht steil nieder, vergoldet hoch oben das Laub der Sträucher und erweckt in einem Schleierfall Regenbogenfarben. Nur etliche Schritte lang, dann ist der Schatten der Klamm wieder um so beklemmender.

Und die Wasser rauschen . . . Hohl klopft Treibholz gegen Felsen der Klamm wie ein sehr fernes Gewitter. Vor dem Zusammenfluß der Partnach und des Ferchenbaches weitet sich die Felsenge. Eine grüne Welt tut sich auf. Die Sonne lächelt wieder. Ein Zitronenfalter gaukelt in die kühle Dämmerung der Klamm. Fast möchte ich ihn zurückrufen.

Hochwanner-Nordwand

„Wo die junge Partnach sich zur Blauen Gumpe weitet, steigt aus grauen Steinwüsten und dunklen Tannen eine gewaltige, wie aus Erz gefügte Wand gen Himmel: die Nordwand des Hochwanners. Das ganze hintere Reintal beherrscht dieser Felsbau, ihm gegenüber erscheinen die Abstürze bis zum Gatterl als klein und unbedeutend. Mit der Bezwingung dieser Riesenwand treten wir in die letzte Periode der Ersteigungsgeschichte ein. Mit der Durchkletterung dieser Wand ist das letzte große Problem des Wettersteins gefallen." Diese Sätze schrieb Hans Leberle, Wetterstein-Erschließer um die Jahrhundertwende und Verfasser eines Führers, des „Leberle". Diese Charakterisierung ist aus der Sicht des Jahres 1905 zu betrachten. Viele Probleme wurden später noch gefunden und gelöst, der Nimbus der Schwierigkeit ist im Laufe von sieben Jahrzehnten beträchtlich gesunken, aber dennoch zählt die Durchsteigung der Hochwanner-Nordwand, die mit 56 Grad Durchschnittsneigung und 1400 Meter Höhe eine der höchsten Felswände der Nördlichen Kalkalpen ist, immer noch zu den großzügigen, klassischen Bergfahrten. In der Hochwanner-Nordwand entscheidet nicht der Mauerhaken. Anmarsch, Spürsinn und ein langer Weg im gestuften Fels führen hier zum Erlebnis.

Wer den Weg durchs Reintal langweilig nennt, weil er langwährend ist, in dessen Naturgefühl ist etwas erstorben. Etwas Wesentliches sogar! Geh' einmal mit offenen Augen diesen Weg! Es ist die Zeit, da die Ebereschendolden zinnoberrot im gefiederten Laub hängen und die Herbstzeitlosen den ersten Reif ertragen müssen. In die Schatten im Fels fließt etwas vom Blau des Himmels.

Und nun die Wand: Wir stehen ihr gegenüber, sie wirkt hoch, sehr hoch. Wir suchen den vermeintlichen Pfad und bemühen uns, den Täuschungen, die sich aus der verkürzten Sicht ergeben, durch Erfahrung gerecht zu werden. Wie ausgesetzt das Einstiegsband aussieht! Wie steil die Latschenzunge erscheint, die vom Band hoch hinaufleckt! Dann kommt der große Absatz mit dem Biwakblock. Und dann bäumt sich die Wand noch volle 1000 Meter auf, ohne Grün, nur hellgrauer Kalk mit gelblichen Narben.

Hohes Gewölk überzieht den Himmel. Das Wetter sieht nicht gerade günstig aus. Wir wollen am Abend noch bis zum Biwakplatz aufsteigen. Sollte sich das Wetter während der Nacht verschlechtern, können wir immer noch umkehren. Durch Latschen, Humus und verschmiertes, plattiges Geschröf steigen wir hinauf zum Biwakblock, unter dessen nieder vorspringendem Dach bequem Platz für uns zwei ist. Fünfundzwanzig Jahre gehen wir nun schon gemeinsam in die Berge, da wird so ein Biwak im alten Stil zur Feierstunde. Ein Schneerest spendet Teewasser, abgestorbene, gebleichte Latschenäste dienen als Brennholz. Bis nach Mitternacht glimmt unser Feuer. Zeitweilig steigt die Mondsichel rötlich aus den Wolken. Es ist sehr ruhig. Die Riesenmauer schläft. Nur eine Maus besucht knabbernd unseren Proviant.

Um 6 Uhr kriechen wir aus dem Zeltsack. Die Bewölkung hat zugenommen. Die Zugspitze nebelt sich ein. Umkehren? Ich kenne diese Stimmung zur Genüge, wenn das Verzichten schwer fällt. Man will nur zurück, wenn ernstlich Gefahr droht. Wir einigen uns, weiterzugehen. Über zunächst plattigen, später rauher werdenden Fels klettern wir höher. In einer geröllerfüllten Mulde, aus der wir, rechts haltend, dem großen Band zustreben, beginnt es zu regnen. Wir haben noch 800 Meter Wand über uns. Bei einer Höhle betreten wir das Band; es kommt von Westen herüber, wo bei einem begrünten Absatz der Einstieg in die direkte Nordwand ist. Auch der Weg des Erstbegehers Ludwig Heis (5. Juni 1904) trifft hier mit der Route von Ludwig Distel und den Brüdern Adolf und Gustav Schulze (drei Tage nach Heis' Alleingang) zusammen. Das Band führt leicht begehbar links aufwärts und endet auf einem kleinen Sattel mit Steinmann und Holzpflock. Nun wird das Gelände wieder interessanter. Es gilt einen Durchschlupf durch einen ziemlich steilen Wandgürtel zu finden. Gerade klettern wir aufwärts, kommen an einer tiefen Höhle vorbei zu einem Band, dessen Ausgesetzheit im Führer erwähnt ist. Wir spötteln über dieses Prädikat, obwohl es an Tiefblick nicht fehlt. Ein kleiner Geröllkessel! Hier soll ein Wasserplatz sein. Heute ist unser Bedarf an Regen- und Schneewasser überreichlich gedeckt. Noch 400 Meter bis zum Grat! Auf den Unebenheiten der plattigen Wandflucht liegen Graupelkörner und Neuschnee. Die eisverglasten Griffe machen die Finger klamm. Ich treibe zur Eile. Wir frieren trotz verschwitzten Haaren. Von Hansens durchweichten Kletterschuhen löst sich eine Sohle; sie wird mit Spagat geflickt. Die Sicherung wird fragwürdig. Wir legen das Seil ab, jeder geht auf eigene Verantwortung im winterlichen Gelände.

Jetzt ist der Grat erreicht. In heftigen Böen springt uns ein rauher Wind an. Wir eilen rasch hinüber zum umnebelten Gipfel. Vier Stunden waren wir vom Biwakplatz unterwegs gewesen, dieses schnelle Steigen hatte uns der Kälte widerstehen lassen. Wir wollen rasch in wärmere Zonen, verzichten auf eine Schnaufpause auf dem Gipfel und eilen über den Kleinwanner hinüber zum Hohen Kamm. Hier pfeifen Murmeltiere und suchen zwei Gemsrudel Äsung im schneegefleckten Grünen. Über das Gatterl steigen wir ins Reintal ab.

Abend am Frauenalpl

Ein Fleck grünen Almbodens unter den rötlich gefleckten Nordwänden der Dreitorspitze. Grau verwittert und schief steht ein einfaches Holzkreuz auf einer sanften Kuppe. Schafe im hellen und dunklen Pelz ziehen mit hängenden Köpfen weidend in den Abend. Niemand mehr poltert mit groben Schuhen über den Schottersteig, der durch eine Felsgasse zur Meilerhütte führt. In dieser Stunde ist jedermann froh, einen Ruheplatz unter einem schirmenden Dach gefunden zu haben, es müßte denn einer sein, der Sterne sucht und Einsamkeit.

Ich bin allein und doch in der erregenden Gesellschaft der Berge. Es ist wie ein Zusammensein mit alten Freunden. Jenseits des Reintals die Silhouetten von Alpspitze und Hochblassen. Die Zinken des Gaifgrates heben sich schwach an-

gedeutet ab. Es ist als ob sie die Strähnen der Abendsonne kämmen würden. Die Strahlenbündel fallen schräg in die Dämmerung des Tales. Die Partnach glitzert, die Blaue Gumpe blendet wie ein Spiegelscherben. Darüber steigt die Hochwanner-Nordwand düster und lichtlos auf. Himmelhoch! Auf dem Zugspitzplatt schimmert der sommerliche Firn mit dunklen Rändern.

Tief unten im Oberreintal raucht es aus dem Schornstein des kleinen weißen Hüttenwürfels. Da sitzen sie nun wohl beisammen, die jungen braunen Burschen und schmieden Pläne für morgen. Vor zwanzig Jahren saß ich auch dabei. Und heute? Gedämpftes Saitenspiel . . . Aber der Fels hat noch nichts von seiner Verlockung verloren. Ich komme nicht davon los.

Über den Schachen kriecht Nebel. Das Haus, die Zirben, der kleine Pavillon ertrinken hilflos in den grauen Wogen. Wind bringt das Rauschen eines Wasserfalls. Es wird kühl. Die Schafe drängen sich eng zusammen. Ich steige der Hütte zu.

Morgen werde ich um einen Gipfel und um ein Erlebnis reicher sein. Köstlich, eine Stunde am Vorabend bewußt auszukosten!

Dreitorspitze-Ostwand

An die Felsen geschmiegt steht die Meilerhütte — von der Sektion Bayerland erbaut, jetzt von der Sektion Garmisch-Partenkirchen betreut — in der Enge des Dreitorspitzgatterls. Fast 2400 Meter hoch. Auf der Tiroler Seite der Grenze das alte Selbstversorgerhüttchen mit kleinem Herd, einigen Töpfen und Lagern; wenige Schritte entfernt, auf bayerischem Boden, der große Steinbau der neuen Hütte mit dem nordseitigen Ausblick zum grünen Frauenalpl, zum Schachen, auf die Alpspitze und den Hochblassen. Ganz nahe reckt sich, schroff gezinkt, die Dreitorspitze empor. Der schöne Hüttenberg!

Es will Tag werden. Der Himmel wird von Osten her so hell, daß die Sterne in seiner Blässe erlöschen. Jetzt entzündet die Sonne die fahlgrauen Felsen der Dreitorspitze. Der Öfelekopf jenseits des Leutascher Platts, an dem Hermann von Barth beinahe tödlich abgestürzt wäre, steht als mächtige, gezackte Kulisse im Süden. Karwendelgrate staffeln sich dunstverschleiert im Gegenlicht. Das Teewasser summt. Man kramt im Rucksack, stopft die Taschen voll, hängt das Seil über die Schulter und geht. Es ist kein weiter Weg zum Fels. Er wartet draußen vor der Hüttentüre.

Die Ostwand der Dreitorspitze, 1916 von Herbert Eichhorn und Hans Theato erstmals durchstiegen, gehört zu den Genußklettereien im Wetterstein. Wie oft habe ich sie erlebt, mit alten Freunden am Seil oder alleingehend in schwere-

Der Hochwanner, 2764 m, ist der Hauptgipfel des westlichen Wettersteinkammes und, bedingt durch seine Höhe, ein großartiger Aussichtsberg. Die Nordwand bricht mit einer 1400 Meter hohen Felsmauer ins Reintal zur Blauen Gumpe ab. Sie bietet lange, zum Teil äußerst schwierige Anstiege. Der direkte Durchstieg gehört zu den großzügigsten Fahrten im Wetterstein.

losem, doch angespanntem Spiel. Den abdrängenden Einstiegskamin ... freie, griffige Wand ... den prächtigen Quergang ... die luftigen Türme des Ostgrates. Die Kletterei in diesem festen, griffgesegneten Gestein macht ungetrübte Freude. So muß einer Lerche zumute sein, wenn sie sich trillernd emporschraubt.

Ich erinnere mich an die Begegnung mit einem unserer schönsten Alpenvögel: dem Mauerläufer. An die Wand gelehnt hole ich das Seil ein, während der Gefährte nachsteigt. Er lacht. Tief unten schimmert das Geröll hell in der Sonne. Eine Schafglocke bimmelt vom Leutascher Platt herüber. Hoch oben an den Grattürmen sprechen Menschen. Es klingt, wie wenn man in einem leeren Dom flüstern würde. Auf ein leises Geräusch hin wende ich den Kopf. Ein Vogel! Ein Mauerläufer! Sein Gefieder ist ein roter, silbergrau und schwarz eingefaßter Fächer. Er hängt am Steilfels, sich mit gespreizten, abgerundeten Flügeln und mit den Schwanzfedern abstützend. Die Flügel zucken, heben und senken sich, flatternd klettert der Vogel über eine ausgebauchte Platte. Die Glasperlenaugen suchen nach Spalten, der lange Schnabel sondiert nach Kerbtieren. Steine, hoch oben an den Grattürmen gelöst, durchpeitschen die Luft. Erschrocken und verscheucht taumelt der Mauerläufer in den Schatten einer Kluft. Ich aber trage, dank dieser Begegnung, eine Freude mehr zum Gipfel.

Die Ostkante

Sie ist steiler, rassiger und stellt höhere Anforderungen als die Ostwand. Im Sommer 1920 wurde sie von Karl Hannemann, der damals eine Reihe neuer Wettersteinfahrten erschlossen hat, und Eberhard Hoesch erstmals begangen. Aus der engen Schlucht zwischen Dreitorspitze — Nordostgipfel und Bayerländerturm strebt sie, nicht besonders markant ausgeprägt, zur Höhe. Bereits nach einer halben Seillänge der erste Haken, der erste Überhang, den man spreizend überwindet. Dann kommt erholsameres Gelände, in dem man, links aufwärts, nach Griffen angelt. Die schwarzen Plattenwülste hoch oben sind jedem, der diesen schönen Kletterpfad erstmals begeht, ein Alpdruck. Wo ist der Durchschlupf? Und da sind noch zwei Stellen, an denen Karabiner einklinken und wo die Finger mit geringem Entgegenkommen der Felsen vorliebnehmen müssen: die Verschneidung und die erodierte Platte. Dann bewegt man sich auf der Galerie eines Bandes nach rechts zur stumpfen Kante und klettert ziemlich gerade hinauf zu den vertrauten Türmen des Ostgrats.

Denkwürdiger als die Erinnerung an jene Felsfahrt ist mir die Gipfelrast mit zwei alten Kameraden: Bertl Pflugmacher und Albert Heizer. Drei grundverschiedene Menschen sitzen allein wie auf einer Insel und sprechen über Begriffe und Unbegreifliches, über Kosmos und Technik, über Religion und die Sonnentempel der Inkas, über unser Bergsteigen und die Zwänge des Alltags ... Wir reden leise und intuitiv. Ist es nicht, als ob wir versuchten die Wolken steuern zu wollen, die nach den Gesetzen des Windes treiben?

Wir bleiben über Gebühr lange auf dem Gipfel. Aber die Uhren ticken und die Sonne sinkt und wir unterliegen dem Zwang der Weltgesetze. Sie drängen uns zwischen Tag und Traum zur Hütte abzusteigen.

Berge im Feuer

Das Gewitter ist vorüber. Eine volle Stunde lang hat es geblitzt und geböllert. Der Sturm hat die alte Hütte am Dreitorspitzgatterl angefahren und gerüttelt. Regen ist niedergerauscht, wie um eine neue Sündflut einzuleiten, manchmal mit Hagelschlossen vermengt.

Nun ist der Aufruhr vorüber, der Himmel besänftigt. Es scheint ein friedlicher Abend zu werden. Rötlich-violettes Licht erhellt die Hüttenstube. Da reißt von draußen einer die Türe auf: „Kommt heraus — so eine Stimmung!"

Wir hasten hinaus, stehen schweigend und schauen. Das ist mehr als eine Stimmung! Der ganze Westhimmel brennt. Wolkenrauch qualmt. Wind scheint Funkenfontänen in den Raum zu sprühen. Manchmal flammt die Sonne grell durch Wolkenlücken, daß man fast erschrickt wie vor einem erneuten Blitz. Über dem Zwillingspaar Alpspitze und Hochblassen schickt sie sich an unterzugehen. Feuerzauber — fast glaubt man ein Wagnermotiv im Wind zu hören. Aber die Natur komponiert gewaltiger. Es war — wie Tacitus sagte — das Getöse der untergehenden Sonne.

Bayerländerturm-Ostwand

Der Bayerländerturm ist keine Guglia, kein großartiger Felsturm, sondern nur ein Nebenzacken der Partenkirchner Dreitorspitze. Aber seine 1920 von Karl Hannemann, Ulrich Hoesch und Hertha von Preger erstmals durchkletterte Ostwand aus edlen Wettersteinplatten kann sich sehen lassen. Dem jungen Extremen von heute erscheinen zwar die Schwierigkeiten als zu geringfügig und die Griffe noch zu üppig. Er wird sich dann dem schwierigeren Westwandriß zuwenden. Früher hatte ich volles Verständnis für solche Denkweise, aber wenn man den Fünfziger längst überschritten hat, dann gefällt einem die Bayerländerturm-Ostwand mit ihrem Schwierigkeitsgrad IV recht gut.

Als wir des fünfzigjährigen Bestehens der alten Meilerhütte gedachten, gingen wir wieder einmal diesen Weg. In drei Seilschaften. Hinter föhnblauen Graten schimmerten im Süden die Firne der Zentralalpen. Und über uns die Platten der Ostwand, die mehr elegant überlistet als bezwungen werden.

Es ist schön, keinen Ehrgeiz und keine Eile zu haben und so den Tag und den prächtigen Fels genießen zu können. Wir erlauben uns sogar, auf dem breiten, überdachten Schuttband eine kleine Weile liegenzubleiben, während der erste um die folgende Kante schleicht. Es ist ein heiteres Klettern. „Ein großartiger Spaß", schrieb Henry Hoek einmal. Manchmal ein fröhlicher Witz, Karabinerklinken... Nachkommen! In einem Kamin geht es hinauf unter ein rotgelbes Dach. Nun kommt die eindrucksvollste Stelle: Mittels einer hohl aufliegenden Plattentafel geht es hangelnd nach links in die freie Wand. Hier hat man viel Luft unter den Beinen. Über einen kleinen Überhang kommt man nach einer knappen Seillänge zu einem Stand und erreicht durch die Kaminfortsetzung ein großes Grasband. Der Weiterweg an der sich zurückneigenden Kante aus edlem Wettersteinkalk ist ein Vergnügen.

Auf dem Turmgipfel rollen wir die Seile zusammen und laufen nach kurzem, achtsamem Abstieg leichtfüßig über die Signalkuppe hinunter zur Hütte. Keiner, der sich wünscht, es sei das letztemal gewesen!

Gewitter am Eichhorngrat

Der Eichhorngrat, das ist der Nordwestgrat des Westgipfels der Dreitorspitze, der in mächtigem Aufschwung an die 1000 Meter hoch aus dem Oberreintal emporstrebt. Er wurde erstmals im Kriegsjahr 1916 von Eichhorn, Ehret und Theato begangen, nach dem ersten Weltkrieg von jungen Kletterern wie Toni Schmid, Georg Wieber und Leo Rittler wiederholt, und die Schwierigkeit der Schlüsselstelle ist heute noch mit V— bezeichnet. Er ist ein steinernes Denkmal für Herbert Eichhorn, der aus Erfurt in die Alpen kam, hier 1600 Gipfel erstieg, und von dessen 40 Neutouren fünf auf das Wettersteingebirge entfielen.

Unter den Nordwänden der Dreitorspitze laufen wir zu dritt über Geröll, Schneereste und Grashänge von der Meilerhütte ins Oberreintal hinunter. Ein Wasserlauf ist zu überschreiten, ein Gemswechsel führt uns zum Beginn des Grates. Vom Schornstein der Oberreintalhütte weht ein Rauchfähnlein. Über Schuttströmen und Felswänden dämmern die Schatten der Morgenfrühe, nur die Gipfel und Grate beginnen zögernd zu leuchten: Oberreintalschrofen, Schüsselkarspitze, Zundernköpfe... Hinter der Alpspitze verspricht der Westhimmel nichts Gutes. Nun, ich bin ein Stück unterhalb der Hütte noch einmal umgekehrt und habe den Beutel mit dem Biwaksack geholt. Da können wir schon ein Gewitter in Kauf nehmen. Ich schaue hinauf zu den Türmen des Grates und hätte beinahe einen lackschwarzen Salamander zertreten, der abwärts torkelt. Eine Schlucht öffnet sich zwischen dem Grat und der prallen Nordwand des Oberreintaldoms. Früher hieß er einmal Teufelsturm. Hammerschläge... Rufe... Dort oben ist schon eine Seilschaft bei der Arbeit. Um 8 Uhr

Der Nordostgipfel der Partenkirchner Dreitorspitze, 2606 m, von den Törlspitzen. Vom Gipfelkreuz bricht links mit den Ostgrattürmen die Ostwand ab, eine beliebte Genußtour (IV) für Kletterer. Vorgelagert, von der Sonne beschienen, die plattige Ostwand des Bayerländerturms, 2507 m. Über die Signalkuppe führt von der Meilerhütte, von rechts her, der Normalweg in reizvoller Kletterei (II) zum Nordostgipfel der Partenkirchner Dreitorspitze.

streifen wir am Einstieg die Seile durch die Hände und binden uns an. Es beginnt mit steilen, brüchigen Schrofen und feuchten Graspolstern. Man muß aufpassen. Mit geringen Abweichungen vom Grat klettern wir ohne Beschreibung gerade aufwärts. Noch fehlen charakteristische, einprägsame Stellen.

Wir klettern rasch und meist gleichzeitig. Zweimal sind Wandstufen zu nehmen, die Sicherung wünschenswert machen. Die Haken werden von mir wieder herausgeschlagen, dabei stelle ich fest, daß wir nur über einen Hammer verfügen. Und noch etwas wird uns deutlich bewußt: daß das schöne Wetter der vergangenen Tage nicht anhält, sondern sich von Westen dunkles Gewölk über die Berge schiebt. Schon hüllen sich Alpspitze und Hochblassen ein. Nebel kriecht durch das Oberreintal herauf über die Grünflur des Frauenalpls.

Aus der Nordwand des Oberreintaldoms rufen zwei Kletterer zu uns herüber: „Was haltet ihr vom Wetter?" — „Es wird schlecht!" — „Wir kehren um!"

Jetzt ist der Nebel schon bei uns und verhüllt alle Felskonturen bis auf die nächste greifbare Umgebung. Wir sind zu Schattengestalten geworden. Kein Gipfel, kein Tal — nur Grat, das ist unsere Welt für Stunden.

„Wir gehen weiter!" Mit diesem Ruf an die beiden Abseilenden ist die Entscheidung gefallen. Sie bedrückt uns nicht. Wir fühlen uns zwanzig Jahre jünger. Bertl Pflugmacher, damals noch der gute Geist der Meilerhütte, kennt den Grat und beherrscht noch das Letzte im Wettersteinfels. Aber wir haben vergessen, daß wir vom Hunger der Nachkriegszeit ausgemergelt und zudem leicht bekleidet sind. Der dritte Mann allerdings — ein Landpfarrer — ist gut genährt und warm angezogen. Er wird uns schon einen Schutzengel besorgen. Und für den Notfall haben wir ja den Biwaksack.

Also weiter! Inzwischen haben wir uns an das trügerische Gestein und die Eigenart der Fahrt gewöhnt. Wir gehen rasch, aber vorsichtig. In Erinnerung geblieben ist mir ein phantastisches, waagrechtes Gratstück. Fast ist man versucht, sich im Reitsitz auf das steinerne Roß zu setzen, so schmal ist die Schneide. Beiderseits schießen die Wände steil in die vernebelte Tiefe.

„Keinen Ruck am Seil!" mahnt der Hintermann, während er zu meinem Stand herüberbalanciert. Die Luft wird bedrohlich düster. Gewitter oder Wettersturz? Es kann nicht mehr weit sein bis zur Schlüsselstelle, dem Turm mit der Fünfer-Verschneidung.

Regentropfen... Rasch wird der Fels dunkel und naß. Von einem Turm steigen wir ab in ein enges Schärtchen. Steil strebt der Grat empor. Ist das nun der glattwandige Abbruch? Auf einem schmalen, bandartigen Absatz unter der

Verschneidung — ja, sie ist es, ein Haken bestätigt uns dies! — stoppt das Gewitter unser Vordringen. Eine halbe Stunde früher, und wir hätten die Schlüsselstelle noch hinter uns gebracht. So heißt es nun abwarten. Es gibt keinen besseren Platz hier oben. Eng zusammengedrängt stehen wir zu dritt im Platzregen. Überlegen lächelnd packe ich den Zdarskysack aus. Aber welche Enttäuschung! Es war nicht jener, den ich kürzlich in der Watzmann-Ostwand dabei hatte. Der Teufel soll den Kerl holen, der den guten Sack gegen dieses ausgediente Fragment ausgetauscht hat! Trotzdem schlüpfen wir in die löcherige, nicht wasserdichte Hülle und lassen den Regen auf uns niederprasseln. Es wird kalt. Der Sturm peitscht Regengüsse über den Grat. Wir sind patschnaß. Bächlein rinnen vom Nacken über den Rücken. Ungesichert stehen wir in der Gewitterwolke. Blitze zucken um uns. Wie Kanonenschüsse knallt der Donner. Die Einschläge sind in nächster Nähe. Es gibt Angenehmeres im Leben!

Fast zwei Stunden müssen wir warten und frieren erbärmlich. Jetzt hat der Regen etwas nachgelassen. Bertl will weitergehen. Also heraus aus dem Sack! Als der Kamerad das Seil in den ersten Haken einklinkt, tobt das Gewitter von neuem los. Er muß zurück. Nun hängt auch noch das nasse Seil wie ein Blitzableiter zu uns dreien herunter. Hagelkörner prasseln gegen die zerfetzte Batisthülle. Wir haben kaum ein trockenes Fleckchen am Leib und sind völlig machtlos gegen Nässe und Kälte. Biwakieren? Zum erstenmal fällt dieses Wort. Wir würden es kaum durchhalten. So stehen wir weiterhin in eisigen Graupelkörnern, immer noch hoffend, später zweifelnd, auf Wetterbesserung.

Der Tag geht zur Neige. Es ist 17 Uhr. Noch regnet es, aber es regnet eben nur noch. Weitergehen? Ja, versuchen wir es! Die Seile sind steif. Bertl, eben noch von der Kälte geschüttelt, klettert weiter, während ich ihn am Beginn der Verschneidung mit klammen Händen sichere. Er weiß, worum es geht. Der zweite, der dritte Karabiner schnappt ein... die letzten Meter... er hat es geschafft! Kein Vergleich bei diesen miserablen Verhältnissen hier zu klettern oder bei sonnentrockenem Fels. Ich gehe nach. Das Seil läßt sich nicht einziehen. Lange hält mich ein verklemmter Schnappring auf. Eine elende Schinderei, den gordischen Knoten zu lösen.

Eine Weile später stehen wir zu dritt oben. „So, der Eichhorngrat gehört uns", sagt Bertl fast ein wenig feierlich. Das Lachen ist uns vergangen. Aber nun legt sich der Fels zurück. Auf Bändern und Gesimsen queren wir weit in die Nordseite. Felsgrieß und Hagelkörner liegen auf den Platten. Vorsicht, Freunde! Verbissen klettern wir gleichzeitig höher. Es ist noch weit, sehr weit bis zum Gipfel. Und die Zeit verfliegt. Eine Höhle! Unser dritter Mann will biwakieren. Weiter! Noch einmal queren wir zum Nordgrat und folgen ihm gipfelwärts.

Die Wolken reißen auseinander. Wir schauen hinüber zum weißgesprenkelten Frauenalpl. Roland, der Mulitreiber, holt das verscheuchte Tragtier vom

Weideplatz. Wir rufen in den Wind. Keine Verständigung. In der Hütte wird man sich um uns sorgen. Um 20.30 Uhr legen wir auf dem Westgipfel die Seile ab. Es ist wieder einmal gut gegangen. Der Abstieg auf dem Barthweg zur Hütte ist kein Problem mehr. Über die Urweltlandschaft des Leutascher Platts geistern Nebelfetzen. Da und dort ein Stern, die schwarze Silhouette des Öfelekopfes. Ein letzter Geröllanstieg . . . das Licht der Hütte. Am Abend eines solchen Tages ist es herrlich, endlich geborgen zu sein.

Ein Toter im Fels

Bergwachtkurs im Gebiet der Meilerhütte. Karl bot mir den Sozius seines Motorrads an, um rasch zur Wettersteinalm zu kommen. In München tröpfelt es aus niederem Gewölk. Die Meteorologen versichern, daß es sich nur um einzelne Schauer handle. Aber sie reihen sich pausenlos aneinander zu einem Wolkenbruch. Es prasselt von oben auf uns und spritzt von unten. Langsam vergeht uns das Lachen. Im Loisachtal Überschwemmung. Hinter Ellmau die Straße vermurt. Wir schieben und heben das Vehikel, das bei der Weiterfahrt nur mit gespreizten Beinen in der Richtung zu halten ist. Die Maschine hopst zwischen Wasserrunsen und Felsplatten, zwischen Felsböschung und Wald. Einmal macht sie einen Bocksprung in den Steilhang, es ist wie bei einem Rodeo. Wir werden abgeworfen, der Karren bleibt an einem Baum hängen. Nichts passiert, nur Strümpfe und Waden haben sich am glühendheißen Zylinder versengt. Es ist nicht mehr weit bis zur Wettersteinalm, deren Kuhstall zur Garage wird. Der bärtige Senn schimpft über das miserable Wetter und wirft ein Scheit ins Feuer. Wir rücken ganz nahe, daß die Kleider dampfen.

Dann treten wir hinaus in die unfreundliche Nacht und gehen weiter. Regen . . . Regen. Im Schachenhaus brennt noch Licht. Mannhaft gehen wir vorbei. Über dem Frauenalpl hängen Nebelschleier. Mitternacht! Stumpfsinnig stapfen wir die letzte Geröllgasse hinauf zur Hütte und klopfen an Bertls Fenster.

Am nächsten Morgen kalter, mit Schnee vermischter Regen. Man sieht nur jagenden Nebel und Felsphantome. Also Kurstheorie und Hüttengespräche. Immer wieder reden wir von einem vermißten Toten, der irgendwo zwischen Schüsselkar- und Dreitorspitze liegen muß. Da waren vor Wochen drei Münchner Bergsteiger am Westgrat der Schüsselkarspitze von einem Wettersturz überfallen worden. Es schneite, die drei hatten ums Überleben zu kämpfen, aber sie schafften es nicht. Zwei stiegen in Richtung Oberreintal ab, erreichten aber die rettende Hütte nicht mehr. Erfroren wurden sie aufgefunden. Das Seil zum dritten Mann war abgeschnitten.

Der folgende Tag brachte leichte Wetterbesserung. Beschluß: Der Kurs geht auf Vermißtensuche. Etwa zwanzig Mann stapfen über das Platt und die steile

Schneerinne zum Vorbau der Leutascher Dreitorspitze, queren nordwärts und steigen ab zum „Plattenschuß". Bertl schlägt einen Mauerhaken, ich hänge das 40-Meter-Seil ein und gleite über die erodierten Platten hinunter. Da unten, in diesen gegen das Oberreintal hinabziehenden Schluchten ist 1934 in einem herbstlichen Wettersturz Franz Singer, der liebe Kamerad, mit seinen Begleitern ums Leben gekommen. Ein Mann, der mit Karl Schneider die Nordwände des Piz Bernina und der Dent Blanche als erster bezwungen hatte.

Über die Dreizinkenscharte und den Ostgrat steige ich auf die Schüsselkarspitze, unentwegt nach dem vermißten Bergsteiger spähend. Oft täuscht der Fels, nein, es ist nur ein Schatten, eine kleine Höhle. Als Karl mit den anderen nachkommt, berichtet er, sie hätten den Toten entdeckt. Ja, dort drüben in den gelbfleckigen Wänden der Leutascher Dreitorspitze liegt er, langgestreckt, mit bloßem Auge erkennbar.

Zu viert klettern wir hinüber. Drei Wochen schon liegt der Mann unter überhängendem Fels auf der Brust, die Hände vor dem Gesicht, das Seil locker um die Hüften geschlungen und über einen kleinen Felszacken gelegt. Ein Kopfverband weist auf eine Verletzung hin. Er konnte wohl mit seinen Begleitern nicht mehr absteigen und biwakierte. Zigarettenstummel neben dem Kopf zeigen an, daß er verurteilt war, hier auf das Ende zu warten, in Kälte, Schnee und Sturm.

Von der Hütte muß Bergungsgerät geholt werden. Wir klettern über den Plattenschuß zurück. Auf der Leutascher Dreitorspitze überfällt uns ein Gewitter. Hagelschlossen tanzen auf den Felsen. Wir versuchen, so rasch wie möglich den Grat zu verlassen.

In der Hütte sitzen ein paar Leute und singen. Sollen sie sich ihres Lebens freuen. Wir kommen aus einer anderen Welt. Das war kein Tag, wie man ihn sich wünscht, wenn man morgens in die Bergschuhe schlüpft. Aber auch das muß man ertragen.

Zum Bild auf folgender Doppelseite:
Von Waldgürteln und Heuwiesen belebt ist die Seenlandschaft bei Klais. Vom kleinen Tennsee aus genießt man ein prächtiges Panorama. Über dem bewaldeten Kranzberg erheben sich die schattigen Nordflanken des Gratverlaufes von der Unteren Wettersteinspitze, 2151 m, bis zur Dreitorspitze.

Die alte Berg-Lady

Ein Abend in der Meilerhütte. Wie aus dem vergangenen Jahrhundert kommend, treten noch späte Gäste in die Stube. Voran eine alte Dame mit faltigem, angestrengtem Gesicht, einen Leinenhut aufgestülpt, in weiten Pluderhosen und benagelten Schuhen. Mit dürren Fingern hält sie ein Monstrum von Alpenstange, wie weiland der große Hermann von Barth. Eine Gestalt wie aus dem Bilderbuch des klassischen Alpinismus. Die drei Ankömmlinge sondern sich in einer Hüttenecke ab, speisen vornehm und unterhalten sich diskret.

Später kommt die Hüttenwirtin etwas verlegen zu mir und berichtet, daß die 76jährige Dame einmal eine berühmte Bergsteigerin gewesen sei und den Wunsch geäußert habe, mit einem Bergführer auf die Dreitorspitze zu steigen. Aber es sei kein Führer anwesend, Bertl, der Hüttenwirt im Tal . . . ob ich nicht einspringen wolle. Nun war ich damals Häuptling der „Bayerländer" und nicht Bergführer, aber schließlich gab ich dem Bitten der Wirtin nach und sagte zu. In der stillen Hoffnung, daß es morgen regnen würde.

Es regnete wirklich und ein kalter Wind fegte über das Dreitorspitzgatterl. Aber da stand auch die Berg-Lady schon gestiefelt und gespornt und sagte mit fester Stimme, die keinen Widerspruch duldete: „Führer, wir gehen!" Wir gingen die wenigen Schritte zu den Felsen, ich knüpfte sie ans Seil und dann stiegen wir die Schrofen zur Signalkuppe hinauf. Über den Grat pfiff der unfreundliche Wind und jagte uns Regensträhnen ins Gesicht. Wieder hoffte ich, sie würde aufgeben und umkehren. Als ich sie fragend anschaute, sagte sie unerbittlich: „Nein, wir gehen!"

Über den großen, glatten Klemmblock im Kamin half ich ihr mit einer Steigschlinge und sanftem Zug. Fortan legte sie überhaupt Wert auf gute Seilsicherung. Vor jedem Schritt nach oben rief sie „Fest, ich hab's!" — „Fest, ich hab's!" So stiegen wir im Takt ihrer Rufe bis hinauf zum Gipfelkreuz. Nach kurzer Schnaufpause ging's wieder bergab. Es wurde ein verwegener Abstieg. Wie sie es wohl dereinst bei Antonio Dimai in den Dolomiten praktiziert hatte, setzte sich die Lady auf ihr durchweichtes Hinterteil und rutschte, am straffen Seil hinabgelassen, durch Rinnen und über nasse Platten bolzengerade in die Tiefe. Mir blieb nichts übrig, als ihr abseits der Route zu folgen. Als wir wieder unten im Geröll standen, war ihr Gesicht nicht nur regenfeucht. Auch ein paar zerdrückte Freudentränen rannen über die hageren Wangen. Und sie sagte: „Sie waren mein bester Führer!" Ich bin wohl ihr Letzter geblieben. Und dazu im Nulltarif!

Nach wohlverdienter Hüttenrast — sie prostete mir mit geröteten Wangen zu — stieg die Berg-Lady ab, steifbeinig, wohlzufrieden, noch einmal Fels gefühlt zu haben, wie in jungen Tagen.

Da fiel mir ein Ausspruch von Kurt Maix ein: „Es kommt nicht darauf an, wie alt man wird, sondern wie jung man beim Altwerden bleibt!"

Die große Platte

Das Jahr 1946 entgleitet mit manchem unerfüllten Wunsch. Es ist Herbst. Blätterfall... Nachtfröste... auf den Bergen Schnee. Ich bin schon auf Verzicht eingestellt, da fegt der Föhn noch einmal den Himmel rein, daß er in seinem ungetrübtesten Blau leuchtet, und die Sonne schauspielert sommerlich. Der Mensch hat die Wahl, entweder skeptisch abzuwarten, bis das späte Aufleuchten der Natur in Nebel und Regenstürmen ertrinkt, oder sofort aufzubrechen.

Noch sind goldene Tage! Ich packe den Rucksack. Nichts, was mich zurückhalten könnte. Ich weiß noch etwas „Neues" im Wetterstein: einen Durchstieg über die große Platte in der Nordwestwand der Unteren Wettersteinspitze, dem östlichsten Gipfel der Gebirgskette.

Im Talkessel liegt Mittenwald mit seinen bemalten Häusern wie das Bühnenbild eines bayerischen Volksstückes. Darüber die mächtige Kulisse des Karwendels, das Stierhorn der Viererspitze, breit und massig die „Westliche". Vom Wetterstein ist nur der östliche Eckpfeiler zu sehen, nichts Ungewöhnliches in Form und Aufbau. In den Bauerngärten blustern sich Hühner im sonnenwarmen Sand. Sonnenblumen und Astern feiern die späten schöne Tage. Gebückte Frauen klauben Kartoffeln aus der steinigen Erde wie auf einem Gemälde von Millet. Hinter den letzten Häusern steigt der Weg durch das Lainbachtal an. Das Wasser des Baches ist wie flüssiges Glas, mit Blasen und Strudeln. Es gischtet über Felsschwellen und schwammig vollgesogene Moospolster. Noch ist ein Waldstück zu durchschreiten, dann geleitet der ebene Weg ans Ufer des Lautersees. Aus seinem dunklen Spiegel ersteht Erinnerung an unbeschwerte Zelttage. Über eine Geländestufe führt das Sträßlein zum Ferchensee hinauf.

Wie in der guten alten Bergsteigerzeit wird ein Heustadl bezogen. Die Auswahl ist groß, der schönste wird meine Nachtherberge. Alles, was ich brauche wird geboten. Die Hütte ist halbvoll mit frischem Heu, nebenan eine Bretterbude mit einer Feuerstelle und nicht weit entfernt eine Quelle. Wenn irgendwo mein eigenes Feuer raucht, pfeife ich auf jedes Hotel. Es gibt Schlimmeres, als einmal nicht rasiert zu sein und nach Rauch zu riechen. Herrlich, die Nacht im Heu! Vor der offenen Luke steht der Schattenriß des Karwendels, darüber Sterne, wie sie nur im Herbst funkeln.

Morgenkühle... Heu im Haar... Der Vagabund steigt vom Bett in den jungen Tag, ohne eine Tür aufzutun. Ihm lacht die Sonne in die blanken Augen. Über dem ruhigen See dampfen Nebelschleier. In die Nordwände wird keine Sonne mehr scheinen. Schade, aber allein der blaue Himmel ist ein Geschenk.

Hier oben hatte ich mich mit Kurt Hausmann verabredet. Er ist für den VI. Grad gerüstet und schleppt einen mächtigen Igel von Mauerhaken mit. Vom kleinsten Stiftchen bis zum Eishakenungetüm fehlt nichts. Karabinerkette... Doppelseil... ob es wirklich so wild wird? Vielleicht am Dachüberhang oberhalb der großen Platte.

Die Nordwestwand der Unteren Wettersteinspitze ist etwa 500 Meter hoch. Das Gelände größtenteils gestuft und nur mittelschwer, bis auf den oberen Teil. Da hängt eine etwa 80 Meter hohe, 50 Grad geneigte Riesenplatte im Gewänd, überdacht von weit überhängenden Abbrüchen. Nur diese Stelle reizt uns, sie allein ist Problem und Fragezeichen.

Über taunasse Wiesenbuckel stapfen wir dem Wald zu. Ein dürftiges Steiglein bringt uns ins Kar unter der Wand. Sie ist von hier aus stark verkürzt und nicht gut überschaubar. Deshalb steigen wir noch hinauf bis zu einer Lärche, bei der wir alles Überflüssige hinterlegen. Dann queren wir am Wandfuß über sehr steiles, lockeres Geröll bis zu einer Einbuchtung. Dem extremen Kletterer von heute wird diese Flanke als Schrofenwand erscheinen, die ihn wegen der wenigen interessanten Seillängen nicht reizt.

Wir steigen ein, gehen meist gleichzeitig. Dann und wann eine Stelle, die überlegtes Zupacken erfordert. Der Fels ist besser als wir ihn einschätzten, häufig sogar plattig und fest. Das Mauerhakenbündel rasselt, manchmal sticht mich der sperrige Eishaken in Schenkel und Waden. Dieser eiserne Krempel! Ein turmartiger Vorbau zeigt uns deutlich, daß wir rasch an Höhe gewinnen. Einmal pfeift ein aufgestörter Gemsbock, der wohl von Osten her in die Wand wechselte. Über eine steilere Wandstufe kommen wir in eine Rinne, die unter die große Platte hinaufzieht. Die Spannung wächst. Verklemmte Blöcke... ausgewaschene Gufeln. An der rechten Begrenzung der Platte klettern wir höher. Hier bildet die Überdachung so etwas wie eine schräge Verschneidung und man muß noch nicht in die haltlose Glätte hinaus. Immer steiler spitzt sich die Platte zu, immer höher wachsen die Überhänge. Wir schätzen sie auf 15, vielleicht 20 Meter hoch. Rotgelb und brüchig am höchsten Punkt, wenig einladend. Wir kleben eine Seillänge unterhalb. Kein Absatz, um richtig stehen zu können. Zu aller natürlichen Glätte kommt, daß der Fels feucht und glitschig ist. Keine Hakenritzen! Ich liebäugle mit einem feinen Riß in der Überdachung ober uns, aber Kurt will es erst am höchsten Punkt der Platte versuchen. Ich merke bald: begeistert ist er nicht. Ich kenne dieses Durchnageln, es ist mehr Muskelarbeit als Kletterfreude. Einer schwitzt, der andere friert, denn der Fels ist kalt.

Ich lobe meine Lösung immer eindringlicher: schöner Fels... sichere Chance... elegante Sache! Kurt ist noch schwerhörig. Ich verstehe, daß ihn der Rückzug über die Platte nicht freut. Aber er entschließt sich dann doch dazu. Ich bin um jeden Meter froh, den er näher kommt, denn von Sicherung war keine Rede. „Das war ein Sechser", meint er ein wenig abgespannt. Ich schmiede einige Haken gerade, dann versucht er die zweite Möglichkeit. Einige Meter geht es an abdrängendem Fels aufwärts. Hammerschläge... Karabiner und Seil klinken in den Haken. An fast senkrechter Platte mit kleinen Haltepunkten geht es nach rechts. Eine technisch feine Stelle! Ein rauherer Riß leitet höher. Das Seil

Der Öfelekopf, 2469 m, von der Leutascher Dreitorspitze, 2673 m. Über den Herbstnebeln im Leutascher und Mittenwalder Tal rechts die Arnspitzgruppe und dahinter die Grate und Gipfel des Karwendels. Über den Söllerpaß, 2259 m, zwischen Öfelekopf und Leutascher Dreitorspitze führt ein landschaftlich großartiger Übergang von der Meilerhütte in die Leutasch.

läuft langsam durch meine Hände. Ich sehe von unten weit gegrätschte Beine. Jetzt verschwindet Kurt hinter einer Kante, über der blauer Septemberhimmel strahlt. Ein lachendes Gesicht. Nachkommen! Ich bin froh. Meine Füße sind steif vom verkrampften Stehen. „Ein saftiger Fünfer", lobt Kurt den Quergang. Nun gehört uns die Wand. Das war bestimmt Neuland. An der luftigen Kante oberhalb der Überdachung gehe ich weiter. Nach einer Seillänge stehen wir dort, wo wir direkt heraufgekommen wären. Das sieht allerdings weniger schön aus. Der Rest der Wand ist Genuß. Plattiger und doch griffiger Fels führt uns unmittelbar zum Gipfelkreuz. Endlich Sonne nach vierstündigem Schattendasein! Nun ist der Blick auch auf die andere Seite frei. Was zu einer Gipfelrast gehört, geschieht: Händedruck, Anlachen („Das hätten wir wieder!"), das Wühlen im Rucksack nach etwas Eßbarem, das Blättern im Gipfelbuch. Und dann schreibe ich hinein: 29. September 1946. Nordwestwand, erste Begehung über die große Platte.

„Freut's dich, Kurt?" Und er, der zwanzig Jahre jüngere Mann des VI. Grades, nickt überzeugend, so wie vor einigen Wochen, als wir gemeinsam die schöne alte Watzmann-Ostwand durchstiegen.

Wettersteingrat

Grate sind die himmelnächsten Wege am Berg. Sie scheinen über den Scheitel der Erde zu führen. Hier oben fällt vom Menschen alle Schwere und Enge ab. Der Weit- und Tiefblick stimmt frei und vogelgleich. Viele solcher Wege zwischen Himmel und Erde bietet der Wetterstein: den Gaif- und Blassengrat, den Jubiläumsgrat von der Alp- zur Zugspitze, den Waxensteingrat und den Teufelsgrat, den Schüsselkar- und Musterstein-Westgrat, die Gipfelschneide der Dreitorspitzen und schließlich den längsten: den Wettersteingrat.

Spät im Oktober entschlossen wir uns zu diesem langen Weg. Im Nebel brechen wir auf. Nordseitig Schneebelag und Eisglasur auf den Felsen. Der Musterstein-Westgrat macht uns warm und kletterfroh. Tiefblick über die Südwand ins Berglental — wie oft bin ich da heraufgestiegen. Nach schrofigem Abstieg kommen die Zacken und Türmchen der Drei Scharten. Bis hierher gingen wir ohne Seil. Hans, der Träumer, bewegt sich ein wenig sorglos im vereisten Gelände. Trotz seines Protestes binde ich ihn an die doppelt genommene Reepschnur. Und es war gut so: wenige Minuten später bricht ihm ein Felstürmchen, das er mit beiden Händen umfaßt, und wirft ihn an ausgesetzter Stelle rücklings vom Stand. Eine Reepschnur reißt, die zweite hält. Mit seltsamen Augen sieht er mich an. Wer hätte daran gedacht, mein Freund, daß es dennoch unsere letzte gemeinsame Fahrt sein sollte? Kurze Zeit später erlag er einer kalten Biwaknacht im Steinernen Meer.

Stundenlang wandern wir dahin. Auf der Schneide mit herbstlich angerosteten Graspolstern über Gipfel und Felsabbrüche. In weiter Ferne glitzert ein blechbeschlagenes Gipfelkreuz in der Sonne. Und wieder Felszacken . . . Endlich stehen wir drüben am letzten Ziel. Schauen, rasten, trinken und sind dankbar für das späte Geschenk zum Ausklang eines Bergsommers.

Der verbrannte Berg

Im Grenzwinkel zwischen der Isar und der Leutascher Ache ragen die grauen Felszinken der Arnspitzen aus den Wäldern. Eines Sommers Dürre verwandelt das Berggras in Heu und den Humus in Zunder. Und eines Tages brennt der Wald. Es ist nicht der erste Waldbrand an der Arnspitze. 1913 und 1946 wütete das Feuer ebenfalls im Gehänge.

Und nun weht wieder eine Qualmfahne vom Berg. Ein Gewitter hätte den Brand vielleicht löschen können, aber der Regen bleibt aus. der täglich wechselnde Berg- und Talwind weitet den Herd des Verderbens nach oben und unten. Es prasselt und zischt. Eben noch grüne Bäume werden in der Hitze zu riesigen Fackeln, die immer mehr andere entzünden.

Der Kampf gegen das Feuer wird organisiert. Pumpen knattern, Schlauchschlangen winden sich bergauf, Gräben werden aufgerissen. Schon brennen die Latschen. Männer mit Äxten und Hacken ziehen Schneisen, aber der Wind jagt Funkenregen und Stichflammen über die Bergflanke. Die Felsen glühen und bersten. Wochenlang brennt er nun schon, der Berg. Kaum ist das Feuer eingedämmt, da flackert es noch einmal auf und vergrößert die Verwüstung.

Ein Jahr später: Der Winterschnee, der die verheerenden Zerstörungen des Brandes zugedeckt hatte, ist weggeschmolzen. Um so grausamer ist jetzt der Anblick. Weit und breit kein grüner Latschenbusch, nur überall verkohlte Wurzelstöcke und Strünke. Keine Lärche im lichten Nadelkleid, nur verbrannte Stämme, die absturzdrohend im Gewänd hängen. Kein Humus, nur graue Asche, die in Windhosen über die Grate quirlt. Noch nie hat mich der Anblick eines Berges so traurig gestimmt. Zu trösten vermag nur das Hinüberwechseln in verschont gebliebene Bezirke. Hier ist üppiges Leben. Die Nieswurz bohrt ihre gerippten Blattspindeln aus dem feuchten Boden und entfaltet sich. Die graublauen Köpfchen der Kugelblume erheben sich über die Blattpolster. Seidelbast duftet. Soldanellen stehen dort, wo der letzte Firnschnee kaum geschmolzen ist. Und höher oben in den Felsen entzücken das Blau der Stengellosen Enziane und das Goldgelb der bemehlten Aurikeln. Welch ein Gegensatz zwischen Verwüstung und Leben! Da erkennt man, wie schonenswert jede Pflanze ist. Und eines Tages wird auch der verbrannte Berg wieder blühen.

Werdenfelser Bergführer

Schon der alte, gelehrte Belsazar Hacquet schrieb Anno 1770: „Wilddiebe sind die besten Geleiter. Sie wissen sich in der größten Gefahr herauszuhelfen, sie sind unermüdet und abgehärtet, können eine große Last tragen, wissen alle Schlupfwinkel, und man ist sicher, daß man bei ihnen nie verhungert."

Mit Wildschützen und Jägern fing das Herumsteigen in den Bergen meistens an. Auch im Wetterstein. Natürlich steht davon nur wenig in der Chronik des Alpinismus. Die ersten Besucher von unschwierig zugänglichen Gipfeln blieben fast immer anonym und wir kennen erst die Namen von Landvermessern, Steine sammelnden und botanisierenden Professoren, und schließlich von Hobby-Bergsteigern, die viel später kamen und ihre Visitenkarten auf den Gipfeln in geleerte Weinflaschen steckten.

Georg Deuschl aus Partenkirchen, der Leutnant Josef Naus 1820 auf die Zugspitze geleitete, darf als erster honorierter Zugspitz-Führer gelten. Er wurde von seinem „Herren" für seine Dienste mit 2 Gulden 42 Kreuzer entlohnt. 1834 beteiligte sich an der dritten Ersteigung des höchsten Wettersteingipfels Johann Barth, genannt Hanni. Im darauffolgenden Sommer führte er Dr. Einsele. Dieser berichtete: „Noch einen Zug von der Kühnheit und Gewandtheit unseres Führers Johann Barth, der über zwei nebeneinanderstehende Pferde mit Leichtigkeit voltigiert, muß ich hier anführen: Als im Jahr vor dieser Besteigung der Turm von Partenkirchen mit einem Blitzableiter versehen wurde, unterzog sich Hanni, der damals kaum 18 Jahre zählte, dieser Arbeit. Zu dem Ende ließ man ihn mittels eines Seiles auf einem sogenannten Bocke von der Turmspitze herab. Auf halbem Wege bemerkt Hanni, daß sich der Knoten zwischen Seil und Bock lösen will. Voll Geistesgegenwart packt er das Seil, läßt den Bock unter sich fallen und klettert nun ganz ruhig am Seil auf den Turm zurück." Max Krieger bezeichnete Hanni als den „Zugspitz-Führer par excellence". Er starb sehr früh im Alter von 32 Jahren.

Was das Matterhorn für den Bergführer von Zermatt und der Montblanc für den Guide von Chamonix bedeutete, das war in der Zeit des auflebenden Tourismus für die bergkundigen Männer von Garmisch, Partenkirchen und Ehrwald die Zugspitze. Zu den tüchtigen Zugspitz-Führern gehörte Josef Reindl von Partenkirchen, mit dem Hausnamen Spadill-Weber. Im Wirtshaus galt er als berüchtigter Kartenspieler. In den Jahren von 1851 bis 1868 leitete er 83 Zugspitz-Touren, von denen allerdings einige nicht bis zum Gipfel führten. Sein gleichnamiger Sohn setzte die Tradition fort; er war in 23 Jahren 161mal auf der Zugspitze.

Im Jahre 1855 nahm der alte Josef Ostler, der Koser-Sepp, seinen gleichnamigen Sohn erstmals auf die Zugspitze mit. Der alte Koser galt als der gesuchteste und beliebteste Zugspitz-Führer seiner Zeit. Er organisierte das Bergführerwesen in Garmisch-Partenkirchen und war Obmann. In 25 Jahren führte er 250 Partien auf den Gipfel. Am 23. Juli 1879 wurde er ein Opfer seines Berufs. Er fing eine Touristin, die ihm vom Zugspitzgrat durch eine Rinne entgegenflog, mit seinen Armen auf, wurde aber durch den Ruck über einen Felsbuckel (den „Koser-Schnackler") geschleudert und stürzte gegen das Platt ab. Sein Bruder Hans, in dessen Armen er auf dem Schneeferner verschieden ist, brachte es bis 1895 auf 500 Besteigungen der Zugspitze. Er starb 1897, nachdem er sich beim Holzhacken eine Blutvergiftung zugezogen hatte.

Von den „Führerlosen" wurden die Werdenfelser Bergführer zeitweise scharf angegriffen. Das tat schon Hermann von Barth wegen angeblich mangelnder Qualität und später Josef Enzensperger und Josef Ruederer wegen gewisser Auswüchse. Einzelne bewährte Führer wurden aber anerkennend gelobt. M. v. Prielmayer nannte 1893 die Brüder Johann und Josef Dengg „echte Pfadfinder in der Felswildnis". Schon in den fünfziger Jahren war Johann Dengg auf dem Großen Waxenstein gewesen. Gemeinsam bestiegen die beiden Brüder 1876 erstmals die Zugspitze aus dem Höllental und vier Jahre später fanden sie einen neuen Weg auf den Hochblassen. 1892 stürzte Josef, der Zeisele-Sepp, mit Dr. Mainzer, den er auf vielen Fahrten begleitet hatte, an den Plattspitzen ab. In den Alpenvereins-Mitteilungen wurde er als der „wohl beste Führer des Wettersteins" gewürdigt. Von seinem Bruder Johann wäre manches Husarenstück zu berichten. Wie er 1880 dem Bayernkönig Ludwig II. auf der Partenkirchner Dreitorspitze ein Geburtstagsfeuer abbrannte oder von einer Wette, nach der er ganz allein das schwere Gipfelkreuz vom Nordostgipfel über den scharfen Grat auf die Mittelspitze schleppte. Johann Dengg führte u.a. erstmals die Tour über alle drei Höllentalspitzen und errichtete 1892 das erste Steinmandl auf dem Musterstein und auf der Wettersteinwand.

Tausendmal auf der Zugspitze

Der 1857 geborene Schweizer-Bartl, Gastwirt in Kaltenbrunn, hieß eigentlich Johann Erhardt. Den ersten Namen, unter dem er bekannt war, verdankte er seinem Großvater, der aus dem Engadin ins Werdenfelser Land zugewandert war. 1872 stand er erstmals auf der Zugspitze, 1918 zum letztenmal. In der

Zwischenzeit machte er mehr als tausend Besteigungen, sagt man. Und alle ohne Unfall! Der Bartl hat aber auch hart gearbeitet. Hunderte von Zentnerlasten hat er „strumpfsocket" durch das Höllental geschleppt, an den Drahtseilsicherungen und an der Knorrhütte mitgebaut. 1880 bis 1885 war er stolz darauf, Kurier des Königs zu sein, wenn dieser sich am Schachen aufhielt. Und der „Kini", erzählte er, habe ihm immer leutselig die Hand gegeben, wenn er Post brachte und einmal habe er ganz traurig zu ihm gesagt: „Bartl, wir zwei haben halt nix wie die Berge!" Der Ausspruch könnte von Ludwig Ganghofer sein. An Weihnachten 1900 hat er dem eingeschneiten Zugspitzmeteorologen Josef Enzensperger ein Christbäumerl gebracht. Den Bartl schätzte man weit und breit als Jodler und der große Franz Defregger hat sein Konterfei in Öl gemalt. Der Bartl sorgte mit 18 leiblichen Kindern dafür, daß die Erhardts nicht aussterben. Bevor er im April 1940 starb, sagte er: „Nix als Bergbahnen und Modehotels, da is für unseroan koa Platz nimmer!"

Mancher war ein Schutzengel im Wetterstein

Mit Anton Schmid ging in der Zeit vor dem ersten Weltkrieg mancher Berufsführer als unbezahlter Begleiter und Kamerad. Er lobte den stillen klettergewandten Georg Scheurer aus Garmisch und den verwegenen Andrä Rauth aus der Leutasch. „Einst schiente er sich nach dem Lawinentod seines Bruders das gebrochene Bein mit einer Schindel vom Dach der Meilerhütte und kroch durch den Schnee ohne Hilfe bis Leutasch hinunter." Später bewirtschaftete er eine Schutzhütte an der Hohen Munde.

Von Franz Dengg erzählte Anton Schmid, daß er schon als Hüterbub auf dem Schachen gewesen sei und dort König Ludwig kennenlernte, als seine Ziegen königliches Eichenlaub von den Girlanden am Schachenschloß abfraßen. Als Schachenwirt war der alte Dengg wegen seines Echoliedes auf der C-Trompete weitum bekannt. Komponiert hat es für ihn Siegmund von Hausegger. Schmid hat den alten Dengg einmal ins Münchner Hoftheater eingeladen, wo ihn die Straußsche Musik einer Elektra-Aufführung tief beeindruckte. Der alte Dengg verlor seinen Sohn Franz nach einem Schneesturm-Biwak auf dem Teufelsgrat.

Auch Schmids Zeitgenosse Rudolf Schietzold, der seinen Lebensabend in Grainau verbrachte, legte für manchen Werdenfelser Führer gutes Zeugnis ab. Und von so einem kühnen Kletterer und Freund des großen Tita Piaz hatte ja jedes Wort Gewicht. Den Scheurer-Schorsch nannte er „einen großartigen Felsgeher". Er war mit Nonnenbruch und Steinitzer auf großer Fahrt, hat die Vajolettürme und die Rosengartenspitze-Ostwand, Fünffingerspitze-Schmittkamin und Kleine Zinne-Nordwand allein geführt, stand im ersten Weltkrieg an der Marmolatafront und war, wie der Dengg und der Berghofer, seiner Zeit weit vorauseilend, seit 1907 schon Skiführer.

Auch den Führernamen Reindl findet man frühzeitig in der Wetterstein-Erschließungsgeschichte vermerkt. Von Anton Reindl, dem langjährigen Pächter der Meilerhütte, sind zwar keine Erstlingsfahrten zu melden, aber er beteiligte sich an etwa 30 Bergungen, und das wiegt nicht minder schwer. 1937 stürzte er auf einem dieser Rettungseinsätze an seinem Hausberg, der Dreitorpspitze, tödlich ab.

Ebenso erging es dem blonden Hünen Anselm Barth, dem „Zugspitzvater", der 1931, gewissermaßen vor der Haustüre, als er nachts nach dem Wetter schauen wollte, vom Münchner Haus gegen den Schneeferner abstürzte. Als Neunzehnjähriger trat Anselm junior als Hüttenwirt an des Vaters Stelle, und bald galt er als der „Schutzengel über dem Höllental". Anläßlich seines silbernen Hüttenjubiläums wurde er für mehr als 200 durchgeführte Bergungen und Rettungsaktionen mit dem „Grünen Kreuz" geehrt. Das galt mehr als ein Orden auf dem Schafwolljanker des Barth-Anselm.

Hans Hibler verwahrt ein „Kronikbuch des Bergführervereins Partenkirchen" von der Gründung am 17. April 1906 bis 1969. Damals schlossen sich zwölf Bergführer und drei Aspiranten zusammen und wählten Franz Dengg zum Vorsitzenden. Man liest Versammlungsprotokolle, vernimmt von „beleidigenden Aussagen", Querelen und Todesfällen von Bergführern und Hüttenwirten. Die Mitglieder beteiligten sich an den Beerdigungen in „voller Ausrüstung" und ab 1921 mit einer eigenen Standarte. Eine Fusionierung mit den Garmischer Bergführern scheiterte. Die verehrliche Sektion München ließ man bei jeder Gelegenheit dreimal hochleben, bis sie die Führeraufsicht 1957 an die Heimatsektion Garmisch-Partenkirchen abgab.

In Mittenwald gab es um die Jahrhundertwende nur vier Bergführer: Sebastian Bittl, Georg Fütterer, den Spacken-Jörgl, Hans Hörmann den Zensen-Hans und Franz Krinner, den Gsasli-Franzl. Dieser ging in die Geigenbauerlehre, wurde aber 1899 als Dreiundzwanzigjähriger autorisierter Bergführer. Sein erstes Führerziel war der Öfelekopf, aber er lernte auch Glockner, Ortler und verschiedene Ostalpengruppen kennen, kam ins Engadin und in die Dolomiten. Seine Herren schrieben ihm viel Anerkennendes ins Führerbuch. Der einzige Sohn, der 1932 mit Hans Kofler die erste Winterbegehung der Schüsselkarspitze-Südwand erzwungen hatte, stürzte im gleichen Jahr an der Aiguille du Dru-Nordwand tödlich ab. Der Enkel des alten Gsasli, dem 1959 mit Hias Öckler die erste direkte Erkletterung der Nordwand der Viererspitze gelang, setzte mit diesem Erfolg die Tradition der alten Mittenwalder Bergführer fort. Erwähnt sei auch Heini Hornsteiner, der im Dammkar die erste Hütte erbaute. 1979 finden wir im Verzeichnis des Verbandes der deutschen Berg- und Skiführer die Namen von 13 Mittenwalder Bergführern.

Von der Zugspitze zum Mount Everest

Natürlich durfte man die alten Zugspitz- und Wettersteinführer nicht zu den berühmten „Condottieri der Alpen" rechnen, aber Hans Leberle bestätigte ihnen, daß der Broterwerb bei den Dengg, Koser und Spadill nicht alle Ideale erstickt habe. Aber die meisten blieben eben Wetterstein-Lokalführer, und es war schon eine Seltenheit wenn einer, wie der Georg Fütterer in die Westalpen kam und dort Meije und Barre des Ecrins bestieg.

Nach dem zweiten Weltkrieg ergab sich eine völlig neue Situation. Otto Eidenschink sah die Entwicklung so: Die Zeit des Bilderbuch-Bergführers von anno dazumal, der vor dem Dorfwirtshaus auf der Führerbank sitzt und auf „Herren" wartet, ist vorbei. Der Bergführer von heute und morgen muß umfassende Erfahrung und allgemeines Wissen besitzen. Eidenschink hat 30 Jahre als hochalpiner Berufsführer im Sommer und Winter hinter sich gebracht, ohne einen einzigen ernstlichen Unfall eines Geführten beklagen zu müssen. Er lebt in Uffing am Staffelsee, in einigem Abstand vom Wetterstein.

Von Garmisch-Partenkirchen sollen drei Namen aus der Nachkriegszeit genannt werden: Luggi Kleisl, Alfons Lippl und Adi Jörg. Man findet sie alle drei auf der Neutourenliste. Kleisl war Seilgefährte von Michel Schober. Daß er noch immer gut in Form ist, beweist seine Teilnahme am „Grand Prix der Bergführer" 1978 in Chamonix; er errang den zweiten Platz in seiner Altersklasse. Lippl ging mit Eidenschink neue Wege im Waxenstein-Schönangergebiet. Jörg ist später nach Amerika ausgewandert.

Drei andere seien aufgeführt, die als Betreuer und Bewirtschafter von Wettersteinhütten ihren Platz fanden: Willi Leiner, dessen zweite Begehung der Civetta-Nordwestwand im Jahre 1928 Aufsehen erregte, auf der Knorrhütte; Fischer-Franzl bis 1953 auf der Oberreintalhütte und Bertl Pflugmacher, der nach dem Krieg noch Freude am Klettern zwischen Schüsselkar- und Musterstein-Südwand hatte, auf der Meilerhütte. Er war schon 1926 bei dem von Dr. Gazert gegründeten Gebirgs-Unfalldienst, leitete von 1950 bis 1955 die Bergwacht-Bereitschaft und war auch Träger des „Grünen Kreuzes".

Eine Zeitlang glaubte man, Bergführer würden brotlos, aber dann stellte sich überraschend heraus, daß sie auch im Zeitalter des Massentourismus ihren Platz finden. Den heutigen Werdenfelser Bergführern kann man das beste Zeugnis ausstellen. In Garmisch-Partenkirchen stehen 20 staatlich geprüfte Bergführer zur Verfügung. Der Obmann von Partenkirchen ist Kuhn-Hiesl von der alten Garde, Obmann von Garmisch ist Hans Bader. Es gibt einen traditionsreichen Werdenfelser Bergführerverband und seit 1969 eine Bergsteigerschule Zugspitze. Und was kostet nun so eine geführte Tour? Richtsätze: Zugspitze-Höllental und Alpspitze-Schöngänge DM 150,—, die Nordwand ist um

Die Leutascher Dreitorspitze, 2673 m, krönt das weite, vegetationslose Leutascher Platt, das bei mehr Schnee im Frühjahr ein hochalpines Skigelände ist. Stützpunkt: Meilerhütte. Über die Felsflanke rechts führt der Hermann-von-Barth-Weg auf den Westgipfel der Partenkirchner Dreitorspitze, 2633 m.

DM 20,— teurer. Die Dreitorspitze-Ostwand kann man für DM 180.— haben und die Hochwanner-Nordwand kostet DM 260.—. Die Normaltarife enden beim Schwierigkeitsgrad IV, darüber geht alles auf freie Vereinbarung.

Ihr Können haben die jungen Werdenfelser Führer bewiesen auf Neutouren im Wetterstein, bei Unternehmungen in anderen Teilen der Alpen und im außereuropäischen Raum. Der erste Werdenfelser im Himalaja war Alfons Lippl, der 1955 an der Deutsch-Schweizerischen Himalaja-Expedition zum Dhaulagiri teilnahm. Von den Jungen kam Wulf Trotter aus Farchant in den Himalaja. Werner Lercher, Bergwachtausbilder und Führer in der Bergsteigerschule Zugspitze, war ebenfalls expeditionserfahren. Er kam im Februar 1979 auf tragische Weise ums Leben. Auf der Suche nach zwei jungen Vermißten am Jubiläumsgrat stürzte er offenbar mit einer Wächte in die Höllentalflanke. Wenig später konnte ein Hubschrauber die kaum verletzten Vermißten bergen. So fordern die Berge seit den Tagen von Koser-Sepp, Josef Dengg und Anton Reindl immer wieder Opfer.

Ein Mitbegründer der Bergsteigerschule Zugspitze, Hubert Hillmaier, stand als erster deutscher Bergführer im Herbst 1978 auf dem 8848 Meter hohen Mount Everest. Eine glanzvolle Entwicklung im Zeitraum von 150 Jahren von Hanni Barth zu Hubert Hillmaier, vom höchsten Gipfel Deutschlands zum höchsten Berg der Erde.

Es sei mir erlaubt, einige Sätze von Gaston Rébuffat aus „Sterne und Stürme" über den Bergführerberuf heute, anzufügen: „Erst der Führerberuf machte mich zum Mann. Bergführer zu sein, ist eine der schönsten Aufgaben, weil der Mensch diesen Beruf auf jungfräulich gebliebener Erde ausübt. In unseren Tagen haben nur noch wenige Dinge Bestand. Es gibt keine Nacht mehr, keinen Wind, keine Sterne. Alles hat man seiner Wirksamkeit beraubt. Wo bleibt der Rhythmus des Lebens? Alles geht so schnell und ist so laut! Der gehetzte Mensch sieht nicht mehr das Gras auf seinem Wege, achtet nicht auf seine Farbe, seinen Duft, seine Bewegung, wenn der Wind darüberstreicht.

Wie seltsam ist die Begegnung zwischen dem Menschen und den Erhebungen auf unserer Erde: Menschen in der Stille der Verlassenheit. Ein Schneehang, steil wie eine Fensterscheibe? Sie steigen ihn hinauf und zeichnen ihr Werk — eine unwirkliche Spur. Ein Fels, herrlich wie ein Obelisk? Sie heben die Schwerkraft auf und schaffen sich die Möglichkeit, irgendwo durchzukommen. Sie rennen nicht etwa in ein Abenteuer, sie leben, sie üben ihren Beruf aus."

Kameraden der Berge

Bergwacht — Retter aus Bergnot

Das Gebirge ist keine Spielwiese. Mancher der in den Bergen Verunglückten könnte noch leben, wenn er die Gefahren gekannt, wenn er sich darauf eingestellt und sich richtig verhalten hätte. Die objektiven Gefahren im Gebirge sind durch Naturgesetze bedingt. Der Wanderer muß ebenso mit ihnen rechnen wie der Kletterer. Mit der Überflutung der Berge durch den Massentourismus, insbesondere durch die Skifahrer, stieg natürlich auch die Unfallkurve an.

Im Juli 1922 kostete ein Wettersturz an der Zugspitze fünf Menschen das Leben. Drei junge Leute aus Augsburg wurden beim Aufstieg durch das Höllental bei der Irmerscharte vom Schneesturm überrascht. Hier mußte ein Mann vor Erschöpfung zurückbleiben und starb. Ein zweiter blieb unterhalb des Ostgipfels zurück und erfror. Am gleichen Tag brachen von der Wiener-Neustädter Hütte zehn überwiegend sehr junge Bergsteiger zur Zugspitze auf. Und zwar trotz dringendem Abraten durch den Hüttenpächter. Im tiefen Schnee kamen sie unterhalb des Grates vom Steig ab. Es war sehr stürmisch und kalt. Helfer vom Münchner Haus brachten die zehn Personen mit Seilhilfe auf den Grat. Trotzdem konnten drei Bergsteiger nicht mehr gerettet werden. Die übrigen erlitten Erfrierungen an Händen und Füßen.

Für Hilfeleistungen und Bergungen Verunglückter waren im Wetterstein lange Zeit die Bergführer zuständig und verpflichtet. Nach Gründung der Bergwacht 1920 in München entstand noch im gleichen Jahr eine Ortsgruppe Mittenwald, 1925 folgte eine solche in Garmisch-Partenkirchen. Erst allmählich befaßte sich die Bergwacht ernsthaft mit dem Rettungsdienst in den Bergen.

Zum Bild auf folgender Doppelseite: Heuernte im Werdenfelser Land. Eindrucksvolle Kulisse ist die in die Wolken ragende, schneegefleckte Zugspitze, 2964 m, und der massige, dunkle Kegel des Waxensteins. Im Hintergrund, jenseits des Loisachtales, die kleine Pyramide des Daniel.

In Partenkirchen kam es nach 1925 zur Gründung eines Gebirgs-Unfalldienstes. Initiator war Dr. Hans Gazert, seit 1907 als Arzt hier ansässig, ein Bergsteiger, der 1895 den Westgrat der Zugspitze erstmals begangen hatte, Mitgründer der Alpenvereins-Sektion Bayerland aus Protest gegen die Erbauung des Münchner Hauses auf dem Zugspitzgipfel und ärztlicher Betreuer der Drygalski-Expedition 1901 bis 1903 in die Antarktis. Mit viel Idealismus

und Improvisation begann Dr. Gazert die Ausbildung der Rettungsmänner. Dr. Neureuther berichtet über die Anfangszeit: „Die Küche im Gazert'schen Hause sah nachts oft aus, als hätten Vandalen drin gehaust, nicht aber Bergwachtmänner geübt. Und oft wurden nachts noch im winterlichen Doktorgarten neu erfundene Schlittenmodelle bei Kerzenlicht erstmals erprobt." Natürlich wurde auch im Gelände eifrig geübt. 1929 zählte der Gebirgs-Unfalldienst bereits 50 Mitglieder, unter Einbeziehung von Farchant, Grainau und Oberau waren es doppelt soviel. Im Klettergebiet der Oberreintal- und Meilerhütte mußten 1929 sechs Verletzte und fünf Tote geborgen werden. 1932 stieg die Zahl der Toten auf 14.

Das schwerste Bergsteigerunglück im Wetterstein ereignete sich im Sommer 1934. Beim Abstieg von der Schüsselkarspitze ins Oberreintal kamen sieben Menschen um, darunter drei Frauen. Zwei hervorragenden Bergsteigern, Franz Singer und Karl Amann, wurde offenbar das Versagen ihrer Begleiterinnen zum Verhängnis. Die drei Seilschaften wurden in einer schluchtartigen Rinne, in der sie biwakierten, von herabstürzenden Wassermassen in die Tiefe geschleudert. Tagelang suchten 40 Männer nach den Vermißten, unterstützt von Funkern und einem Flugzeug. Den bis dahin größten Einsatz hatten die Bergwachtmänner unter Leitung von Sanitätsrat Dr. Gazert bei den Olympischen Winterspielen 1936. Bis zu 80 Mann standen an den Abfahrtspisten und in den Sportstätten bereit. Ihre Bewährung erbrachte internationale Anerkennung.

Die Amerikaner rückten am 1. Mai 1945 in Garmisch-Partenkirchen ein und bauten hier ein militärisches Sport- und Erholungszentrum auf. Aus 25 Bergwachtmännern bildeten sie eine Ski- und Mountain-Patrol. 200 Abtransporte im Winter und 60 sommerliche Bergungen waren damals im Jahresdurchschnitt zu bewältigen.

Als 1946 in München die Bergwacht wieder belebt werden konnte, wurde auch im Werdenfelser Land der Gebirgs-Unfalldienst und die alte Grün-Kreuz-Bergwacht im Zeichen des Roten Kreuzes vereint. Und nun begann der Dienst mit den neuen, in der Heeresgebirgs-Sanitätsschule in St. Johann in Tirol entwickelten Geräten. Daran hatte neben Dr. Fritz Rometsch, Wastl Mariner und Wiggerl Gramminger auch Dr. Gottfried Neureuther, seit 1955 Landesarzt der Bergwacht, mitgewirkt. Im Herbst 1946 verwendeten die Garmisch-Partenkirchner an der Blassenspitze erstmals das Stahlseilgerät.

Öfter kam es vor, daß Bergsteiger im Schlechtwettereinbruch im kleinen Hütterl am Jubiläumsgrat mehrere Tage hungernd ausharren mußten, bis die Bergwacht als Retter aus der Not erschien. Im Februar 1979 stürzte hier bei einer Vermißtensuche Werner Lercher tödlich ab. Das erste Opfer aus den Reihen der Helfer.

Eine Lawinen-Katastrophe ereignete sich am 15. Mai 1965 am Zugspitzplatt. Oberhalb des Schneefernerhotels löste sich mittags ein riesiges Schneebrett und verschüttete Gäste auf der Sonnenterrasse sowie Skifahrer. Bis zum Abend wurden neun Tote und 23 Verletzte aufgefunden. Fünf Tage lang dauerte die Suche nach dem letzten Vermißten. Zeitweise waren 800 Mann mit dem Sondieren und Gräbenziehen auf dem Lawinenfeld beschäftigt. Hans Hibler aus Farchant war damals schon mit seinen Lawinensuchhunden beteiligt; er ist auf diesem Gebiet zu einem Ausbilder und Fachmann ersten Ranges geworden.

Im Laufe der Zeit galt es Stützpunkte im Gebirge zu schaffen. 1934 entstand im Hochalmgebiet die Hans-Ruder-Hütte, in den 50er Jahren die Felix-Sauter-Hütte im Hexenkessel am Kreuzeck und 1962 die Dr. Hans-Gazert-Hütte am Riffelriß. Dr. Gazert, im Volksmund der „gute Sanitätsrat", starb 1962 im Alter von 91 Jahren.

1977 feierte die Bergwacht-Bereitschaft Garmisch-Partenkirchen mit 106 aktiven Männern ihr 50jähriges Bestehen. Der größte Posten der Bilanz: 353 365 Einsatzstunden bei 10 550 Erste-Hilfeleistungen, 6607 Bergungen und Transporten, 274 Totenbergungen, 255 Vermißtensuchen, Einsatz bei 11 Lawinenunglücken und 1074 Naturschutzstreifen. Verursacht von dem Massenansturm der Skifahrer verlagerte sich die Bergwachttätigkeit immer mehr und intensiver auf den Winterdienst. So stehen im Tätigkeitsbericht 1978 der Bergwacht-Bereitschaft Garmisch-Partenkirchen 42 Bergunfällen 939 Skiunfälle gegenüber. Unter den sommerlichen Bergungen waren acht Hubschraubereinsätze. Die Entwicklung ist so weit fortgeschritten, daß nun auch Hubschrauber-Rettung im Notfall aus Seilbahnkabinen und Sesselliften erprobt wurde. Die Bergrettungstechnik ist heute fast perfekt, der Idealismus und die Opferbereitschaft der Schutzengel mit dem Roten Kreuz im Edelweiß ist ungebrochen.

Zehn Tage in der Hochwanner-Nordwand

Das ist die Geschichte der sensationellsten Bergung im Wetterstein: Zwei junge Münchner Bergsteiger, Georg Baumgartner und Erwin Vuzem, radelten am 18. September 1937, einem Samstag, nach Garmisch-Partenkirchen, um im Wetterstein einen Kletterurlaub zu verbringen. In der ersten Nacht zelteten sie im Oberreintal, machten die Schüsselkarturm-Ostwand, verabschiedeten sich vom Fischer-Franzl in der Oberreintalhütte. Nach diesem Zeitpunkt fehlte von den beiden jede Nachricht. Vermißt aber wurden sie erst nach Ablauf der Urlaubswoche.

Am Abend des 27. September kam die Mutter von Erwin Vuzem in die Münchner Geschäftsstelle der Bergwacht und erstattete Vermißtenmeldung. Der ein-

zige Hinweis war die Fahrt der Jungen ins Wetterstein. Aber groß und weit ist das Gebirge! Dennoch fanden die ausgeschickten Rettungsmänner Spuren, nämlich die Fahrräder am Eingang der Partnachklamm und das Zelt unter der Hochwanner-Nordwand. Also hatten die beiden wohl die höchste Wettersteinmauer zum Ziel gewählt.

Am Donnerstag, den 30. September stiegen die Bergwachtmänner unter Führung von Wiggerl Gramminger in die nebelverhangene Wand ein. Bald fanden sie verstreute Gegenstände, die auf einen Absturz schließen ließen: ein Taschenmesser, einen verbeulten Fotoapparat und Kletterschuhe. In 2100 Meter Höhe lag der tote Georg Baumgartner. Er war offenbar beim Abseilen wegen eines ausgebrochenen Mauerhakens abgestürzt. Während die Männer den Abtransport des Toten vorbereiteten, stiegen zwei Kameraden weiter nach oben, um die Suche nach Erwin Vuzem fortzusetzen. Schon nach 200 Meter Aufstieg konnten sie das Signal geben: „Lebend gefunden!" Es erschien allen wie ein Wunder: Erwin Vuzem lebte! Was er durchgestanden hatte und wie alles gekommen war, erzählte Ludwig Gramminger:

„Am Dienstag, den 21. September, waren Vuzem und Baumgartner in die Hochwanner-Nordwand eingestiegen. Sie hatten eine vollständige Biwakausrüstung bei sich, da sie auf dem Gipfel nächtigen wollten, um das Erlebnis der Vollmondnacht zu genießen. Deshalb eilte es ihnen nicht und sie machten häufig Rast, wo es ihnen paßte und gefiel. Überraschend verschlechterte sich das sonnige Wetter, Nebel fiel ein und schließlich begann es zu schneien. So wurden sie ungefähr zwei Gehstunden unterhalb des Gipfels gezwungen, zu biwakieren. Nach etwa zwölf Stunden hörte der Schneefall auf, aber der Nebel blieb. Am nächsten Tag kamen die beiden im verschneiten Gelände nur sehr langsam vorwärts und in 2350 Meter Höhe rüsteten sie in einer kleinen Höhle zum zweiten Freilager. Hier begann das Unheil. Erwin wollte seine Füße, nachdem er die Bergschuhe ausgezogen hatte, in den Rucksack stecken, dabei verlor er das Gleichgewicht und stürzte 25 Meter ab. Glücklicherweise war er in ein Schneefeld unterhalb des Biwakplatzes gefallen, so daß er sich kaum verletzte. Er wagte sich aber kaum zu bewegen, da er befürchtete, weiter in die Tiefe zu stürzen. So mußte er, die Füße nur mit Socken bekleidet, die ganze Nacht im Schnee stehen bleiben. Erst am Morgen konnte er einige Meter aufwärts zu einer Felsnische klettern. Ich fragte ihn, warum sein Kamerad nicht mit dem Seil seine Schuhe heruntergelassen habe, und erhielt die Antwort, daß Georg nur einmal kurz gerufen habe, dann sei nichts mehr zu hören gewesen. Es bleibt ein Rätsel, was Georg zum Abstieg veranlaßt hat, bei dem er dann abgestürzt ist. Vielleicht ist er durch den nächtlichen Sturz des Kameraden in Panik geraten und ist mit der ganzen Ausrüstung abgestiegen, um Hilfe zu holen. Erwin hatte immer noch keine Ahnung vom Schicksal seines Berggefährten. Er erzählte uns, wie er die lange Zeit in der kleinen Felsenhöhle verbracht hatte. So lange der Neuschnee lag, bekam er Wasser genug. Er war den ganzen Tag

Hubschrauberübung am Höllentorkopf. Zum modernen Bergrettungsdienst gehört der Hubschrauber. Mittels einer Seilwinde sind Helfer abzuseilen und Verunglückte hochzuhieven. Natürlich muß ein entsprechendes Wetter mitmachen und die Luftbrücke vom Unfallort ins Krankenhaus ermöglichen.

damit beschäftigt, mit seinem Taschentuch Tropfen aufzufangen und es dann auszusaugen. Nach einigen Tagen war der Schnee weggeschmolzen. Nun gab es weder etwas zu essen noch zu trinken. Von den Qualen des Durstes getrieben, entschloß sich Erwin am sechsten Tag zu einem Versuch, den Biwakplatz zu erreichen, von dem er abgestürzt war. Er glaubte, der Kamerad habe vor seinem Abstieg etwas Proviant und Ausrüstung zurückgelassen. Als er nach drei Stunden den Platz erreichte, wurde er furchtbar enttäuscht. Er fand nichts als einen Kletterhammer und eine leere Konservendose. Mühsam kletterte er wieder zu seiner kleinen Höhle zurück. Das Wetter besserte sich etwas, der Nebel verzog sich und gab einmal die Sicht ins Reintal frei. Die Strümpfe waren zerrissen, die erfrorenen Füße aufgebrochen. Klettern konnte er nicht mehr. Seine Hilferufe wurden immer schwächer. Er hatte gehofft, daß der Träger der Knorrhütte, der jeden Tag seine Mulis durch das Reintal trieb, ihn hören würde. Aber jeder Tag brachte neue Enttäuschung. Oft resignierte er und dachte „jetzt ist alles aus!" In der Jackentasche fand er Papier und Bleistift und schrieb einen Brief an seine Mutter."

Und nun zur Bergung! Gramminger schleppte den entkräfteten Vuzem auf dem Rücken 500 Meter über die verschneite Wand bis zum Gipfel hinauf. Eine ungeheure Kraftanstrengung! Längst war es dunkel geworden. Ein Biwak wurde unvermeidlich. Für Vuzem die zehnte Nacht am Berg. Am nächsten Tag kamen herbeigerufene Hilfskräfte mit Proviant und heißen Getränken. Der weitere Abtransport erfolgte zur Reintal-Angerhütte und auf einer Rädertrage nach Garmisch-Partenkirchen ins Krankenhaus. Ebenso bewundernswert wie der Lebensmut und das Durchhaltevermögen von Erwin Vuzem bleibt der Einsatz und die Kameradschaft der Bergwachtmänner. Wenn man von „Helden der Berge" reden kann, dann in einem solchen Fall!

Mehr als eine Geste: Jedes Jahr am Unfalltag schickt Vuzem seinem Retter eine Karte.

Der gute Mensch vom Oberreintal

Er war wirklich ein Original, der Fischer-Franzl, oder auf bairisch: ein Urviech. Dabei der Idealtyp des Hüttenbetreuers, Kochkünstler, Ordnungsfaktor, Tourenberater und stets ein hilfsbereiter, guter Kamerad. Er lachte gern und spielte mit seinen groben Fingern Zither, zärtlich und gekonnt wie ein Virtuose. Er liebte die Tiere, die Schafe im Oberreintal und seine in den Felsen herumstreunende Hüttenkatze. Und so kannten ihn seine Freunde: In einem karierten Hemd, mit einem wettergegerbten Gesicht wie Winnetou, die Stirn quer von tiefen Falten durchfurcht, die Haare struppig, auf den Lippen allezeit ein bairisches Kraftwort oder einen Witz eigener Prägung.

Die Oberreintalhütte, 1530 m, der Alpenvereinssektion Garmisch-Partenkirchen ist ein beliebter Treffpunkt der Wettersteinkletterer. Sie wurde lange Zeit vom Fischer-Franzl im besten Sinne betreut. Durch die Ostabstürze der Zundernköpfe führen vielbegangene Routen in den oberen Schwierigkeitsgraden.

Er war kein lupenreiner Werdenfelser, sondern wurde am 4. Januar 1906 in Hausham bei Schliersee geboren und ging in die Bäckerlehre. Fußballspiel und Skispringen waren seine jugendlichen Leidenschaften, dazu kam das sommerliche Bergsteigen. Er bewunderte die „Kanonen" vom alpinen Klub „Hochempor" in München, den Emil Solleder, Heini Schneider, Georg Knott und Karl Schüle, und wurde in diesen erlauchten Kreis aufgenommen. Damit hatte er auch Zutritt zur Bockhütte im Reintal, einem idealen Stützpunkt der „Hochemporler". In den Zeiten der Wirtschaftskrise nach dem ersten Weltkrieg lebte er als Arbeitsloser mit Freunden oft wochenlang im Wetterstein. Abwechselnd radelte einer nach München und erledigte für alle das Stempelgeschäft. Für ein warmes Essen halfen die Burschen dem Reindl auf der Meilerhütte und dem Lipf auf der Angerhütte beim Holzhacken und Wegmachen.

Im Sommer 1928 durchkletterten Leo Rittler und Heini Schneider erstmals die Gaif-Südwand. Der Franzl wollte mit August Findl, der ein Jahr später an der Dreitorspitze abstürzte, die Zweitbegehung machen. Dabei hatte der Franz ein nicht alltägliches Klettererlebnis. Lassen wir ihn selbst erzählen:

„Gustl ging voraus. Nach einigen Metern hörte ich ihn nageln. Auf meine Frage, ob es schwieriger würde, rief er mir zu, daß er sich halt ein bisserl verstiegen hätte, den nächsten Haken aber schon sehe. Langsam lief das Seil durch meine Hände, dann ertönte sein ‚auf geht's!' Raus mit der Selbstsicherung und weiter! Aber nicht lange, denn Gustl war ja einige Meter falsch geklettert. Statt schräg nach rechts hatte er seinen Weg gerade hinauf gesucht. Ich mußte jedenfalls zum Haken, konnte aber droben nicht gut stehen. So blöd hab ich mich während meiner ganzen Kletterzeit nicht angestellt, wie da. Ich hängte nämlich das Seil aus und benützte den Haken als Griff, um für die Füße einen besseren Stand zu suchen. Ja, das wäre ganz recht gewesen, wenn ich nicht in die Öse gegriffen hätte, denn ich rutschte etwas ab und dehnte mir den Finger, daß er dick wurde und ich ihn nicht mehr aus der Hakenöse brachte. Zuerst probierte ich in aller Ruhe herum — es ging nicht. Da wurde ich unruhiger und es ging erst recht nicht. Schließlich packte mich die Wut. Und Gustl grinste. Ich wußte mir wirklich nicht mehr zu helfen und dachte in meiner Verzweiflung schon daran, den Finger abzuschlagen. Da ließ sich Gustl wieder vernehmen und riet mir: ‚Du Depp, hau doch den Haken raus!' Das war mir in meiner Aufregung nicht eingefallen. Mit der Rechten war ich angenagelt und mit der Linken konnte ich nicht gut zielen. Wie oft ich mir mit dem Hammer die Finger blutig geschlagen habe, weiß ich nicht. Endlich ging das Luder von einem Haken heraus. O mei!

Gustls Gelächter höre ich noch heute, wie ich mit dem Mauerhaken an der blutigen Hand daherkam. Nach altbäuerlicher Art reinigte ich mir die Hand an ureigenster Quelle. Auch auf dem Gipfel waren alle Versuche, mich von dem lästigen Mauerhaken zu befreien, umsonst. Wohl oder übel mußte ich mit dem Eisenhaken an der Hand hinunter. Ein sauberer Abstieg war das!

Kaum waren wir in der Bockhütte, da weichte ich meine geschwollene Hand so lange in einem Kernseifenbad auf, bis der Teufelshaken herunterging. Und seither weiß ich: Es ist besser, mit dem Finger einmal in der Nase zu bohren, als ihn beim Klettern in eine Mauerhakenöse zu stecken."

1933 führte er einen schwächeren Gefährten durch die Südostwand des Kleinen Kirchturms, eine Welzenbach-Tour im Schwierigkeitsgrad V. Hans Hintermeier, sein enger Freund und „Berggeist"-Kamerad berichtet: „In der letzten Seillänge brach ein großer Block aus. Franz sprang weg, um von diesem nicht erdrückt zu werden. 50 Meter tiefer landete er auf einem Band. Ergebnis: 14 Knochenbrüche, darunter Schädelbruch, Oberarmfraktur, vierfacher Unterschenkelbruch, Rippenbrüche und auch noch eine Lungenverletzung. Mit diesen 14 Knochenbrüchen führte er die letzte Seillänge zum Gipfel, normal 10 bis 15 Minuten; er brauchte mit diesen Verletzungen etwa 6 Stunden. Als der Begleiter nachgesichert war, brach Franz bewußtlos zusammen. Unfaßbar ist diese Leistung. Ich kenne keine größeres Beispiel von Pflichterfüllung, aufopfernder Kameradschaft und auch von Energie. Eine tragisch bittere Ironie des Schicksals war es, daß sein Begleiter, der zur Angerhütte eilte, um den ihm schon vorher begegnenden Helfern eine Trage zu bringen, kurz vor der Hütte über einen kleinen Felsabbruch stürzte und sich tödlich verletzte."

Der Fischer-Franzl war zeitlebens hart im Nehmen, und so wurde er auch mit seinem lädierten Knochengerüst fertig. 1936 erhielt er für viele gefahrvolle Einsätze das „Grüne Kreuz" für Rettung aus Bergnot, den Orden der alpinen Ehrenlegion. Und in seinem Klub „Berggeist" wurde ihm, dem allezeit Getreuen, später die Ehrenmitgliedschaft verliehen. Mit Hans Ertl und Toni Schmid war er erfolgreicher Skispringer, stand als Vierziger auf der Olympiaschanze noch 70 Meter, und auch in der Langlaufspur stellte er seinen Mann.

Von 1934 bis Kriegsbeginn bezog er die Oberreintalhütte der Sektion Garmisch-Partenkirchen und dann wieder von 1947 bis 1953. Das war ein Leben nach seinem Geschmack.

1937 schrieb Hans Ertl: „Er betreut nun im besten Sinn des Wortes die stille Hütte im Oberreintal und ihre felsgerechten und meist waschechten Besucher. Er hat ein goldenes Herz, das ihn zu einem der prächtigsten Bergkameraden macht, der sein letztes Hemd hergeben konnte, ja noch mehr — sich selbst!" Und 1962 schrieb der junge Helmut Pfanzelt: „Als nach dem Kriegsende das Bergsteigen wieder einen neuen Anfang suchte, als Hüttenwart Franz Fischer in alter Originalität seines Amtes waltete, da war bald wieder Betrieb wie eh und je. Franzl Fischer und sein Oberreintal waren ein Begriff. Mit das Schönste war wohl, wenn der Franze des morgens, wenn alles noch still auf den Lagern ruhte, die Türe zu den Schlafräumen aufmachte und sein Zitherspiel die Schläfer weckte."

Seine Zither, das war für den Franzl sein „oberbayerischer Fußabstreifer" oder sein „Hüttenkonzertflügel", und kam einer aus norddeutschen Gauen, dann pflegte er bedauernd zu sagen: „Mei, so blutjung und scho a Preiß!" Er kannte die meisten Wände und Kanten rings um die Hütte. Seine Lieblingstour war die Zundernkopf-Ostwand; die durchkletterte er mehr als fünfzigmal.

1954 zog der Fischer-Franzl um auf das Hörnle, den Ski- und Aussichtsmugel bei Kohlgrub und fühlte sich dort als Hüttenwirt ohne Felskulissen und Kletterspezl nie so ganz wohl. Als Sechzigjähriger übernahm er die Tannheimerhütte der Sektion Kempten und damit eine harte, mühsame Aufgabe. Er arbeitete weit über die Pensionsreife hinaus und blieb stets ein Spaßvogel mit einem Schuß naiver Philosophie. Und seine Stirnfalten gruben sich immer tiefer ein. Kurz vor seinem 70. Geburtstag streikte sein tapferes Herz, am 17. November 1975. Zum Abschiednehmen im Friedhof von Ohlstadt kamen einige hundert Freunde. Und noch lange wird man sich Anekdoten vom Fischer-Franzl erzählen. Etwa diese: Der Franze traf in den Dolomiten mit dem Steger-Hans zusammen, der war in jener Zeit ein hervorragender Kletterer und gesuchter Bergführer. Hinter dem Hans trottete ein unauffällig gekleideter Herr. Fragte der Franze: „Wen hast denn heut dabei, Hanse?" Sagte dieser: „Des is a Kini, Franze, der König Albert von Belgien!" Der Steger-Hans stellte seinem Herrn den Urbayern vor und es gab einen feuchtfröhlichen Hüttenabend am Sellajoch. Am nächsten Morgen freundliche und artige Verabschiedung und Abfahrt. Der König per Cabrio, der Franze per Radl. Als er rasant die Paßstraße hinunterkurvte holte er das königliche Auto ein, hielt sich seitlich fest und rief grinsend: „Gel Kini, da schaugst!"

Er wird unter Freunden nicht so rasch vergessen werden, der Fischer-Franzl, denn er war unvergleichbar, eben ein hochkarätiges Original.

Im Zeichen des Schneekristalls

Vor einem Jahrhundert schrieb Heinrich Noë: „Mit dem Bergwinter hat es seine besondere Bewandtnis. Wenn die Leute im Flachland wüßten, wenn es Bilder gäbe, die ihnen das sinnlich vor Augen rückten, sie kämen haufenweise in die Berge herein."

Hier erwies sich der Schriftsteller als Prophet! Längst kommen die Menschen in Massen in die winterlichen Berge. Und das Werdenfelser Land, das bis zur Säkularisation das „goldene Landl" hieß, kam mit der Entwicklung des Skilaufs zu einem zweiten Goldsegen.

Der erste Skigipfel der Alpen

Kaum mehr als ein volles Menschenalter ist seit den Anfängen des zuerst recht umstrittenen Skilaufs in den Alpen vergangen. Ich habe Karl Otto noch gekannt und mich mit ihm über eine historische Skitour unterhalten. Er erstieg im Winter 1890 den 1790 Meter hohen Heimgarten von Schwaiganger aus als den ersten Skigipfel der Alpen. Schon 1884 hatte er sich von einem Wagner in Benediktbeuern zwei Meter lange Skier anfertigen lassen und damit die alte Kesselbergstraße befahren. Als vor der Jahrhundertwende immer noch die Frage hitzig erörtert wurde, ob die langen nordischen Bretter im Gebirge überhaupt verwendbar seien, stand der Partenkirchner Rehmayr in der Ablehnungsfront auf der Seite der Schneereifengeher. Er schrieb: „Die kanadischen Schneeschuhe eignen sich bei Gebirgstouren bei weitem besser als Skier, wenn man bei den letzten überhaupt von sich eignen sprechen darf."

Trotzdem gab es unverbesserliche Optimisten! Garmischer Skipioniere waren die als Bergsteiger erfolgreichen Brüder Anton und Otto Heinrich. Im Winter 1893 spurten sie auf Skiern hinauf zum Kreuzeck. 1900 entdeckten sie den Osterfelderkopf als Skigipfel und im gleichen Winter wagten sich Anton Heinrich und Heinrich Lewicki an den ersten Hochgipfel des Wettersteins: die Alpspitze. Als Josef Enzensperger den Winter 1900/01 als Meteorologe einsam auf der Zugspitze verbrachte, erlernte er auf dem Platt das Skilaufen und Anton

Heinrich stieg als erster auf Skiern durch das Reintal auf das Zugspitzplatt. Die Spurarbeit hielt ihn drei Tage in Atem.

Kurz zur skisportlichen Entwicklung! Am 16.11. 1893 wurde der Schneeschuhverein München gegründet; er brachte es rasch auf 88 Mitglieder. Einer der Aktivsten der ersten Stunde war der Kaufmann Theodor Neumayer, der bei einem Rottacher Schreiner Skier zum Verkauf herstellen ließ. Auch Heinrich Schwaiger, der ein Sportgeschäft betrieb, empfahl im Februar 1893 „ein Lager bester Schneeschuhe". Im gleichen Jahr erschien in München die erste deutsche Skiläufer-Zeitschrift „Der Schneeschuh".

Sportlichen Auftrieb vermittelte die Gründung des Akademischen Skiklubs München am 20. 10. 1901, der bereits ein Jahr später im Werdenfelser Land ein „Volksrennen" durchführte. Daran beteiligten sich erfolgreich die Partenkirchner Anton Wackerle, und die Geschwister August, Hans und Marie Reiser. Ein Norweger sprang 7,80 Meter weit. Vom nächsten Skirennen, zu dem sich bereits 700 Zuschauer einfanden, wurde berichtet: „Keiner kam ohne Sturz über die Strecke, was wohl zur Erheiterung der Zuschauer beitrug, aber durchaus nicht dazu angetan war, dem Skilauf neue Freunde zuzuführen." 1904 wollte die Sektion Garmisch einen Skikurs für Bergführer abhalten, fand aber keine Gegenliebe. Natürlich waren Mitglieder des Akademischen Skiklubs München auch skitouristisch tätig. Sie konnten 1901/02 elf und 1902/03 vierzehn Skibesteigungen der Zugspitze durchführen. Unter den Zugspitzbesuchern war auch Theodor Herzog, der Gründer des ASM.

Der ruhmreiche Ski Club Partenkirchen

Im Jahre 1904 entstand der Rodel- und Skiclub Partenkirchen, der mit einem beachtlichen Wintersportprogramm aufwartete. Zwei Jahre später begannen die Bergführer Josef Bergkofer und Franz Dengg mit der Skiausbildung des Nachwuchses. Am Gudiberg und am Kochelberg wurden aus Schnee Sprunghügel errichtet. Das Jahr 1914 brachte das erste große skisportliche Ereignis: die Austragung der Deutschen Ski-Meisterschaft. Hans von der Planitz aus Chemnitz sprang 41,5 Meter als deutschen Rekord. Am 7. 4. 1921 gründeten 25 Männer den Ski Club Partenkirchen. Anton Wackerle, einer der ersten Partenkirchner Skiläufer und Langlaufmeister von 1908, übernahm den Vorsitz. Streng waren die Bräuche. Wer beim Betreten des Clublokals „nicht hörbar Ski-Heil sagte", mußte 5 Mark in die Vereinskasse zahlen. Das war aber noch vor dem Inflationsjahr 1923 in dem der Jahresbeitrag 200 000 000 Mark betrug. Der nächstjährige Beitrag belief sich nur auf „60 Pfennig, zahlbar in drei Raten". Die „Millionäre" waren wieder arm geworden! Und noch ein Kuriosum: Es wurde beschlossen „in Zukunft keine Wilderer im Club zu dulden. Und siehe,der Club verlor zwei Mitglieder!"

Die Stuibenhütte, 1620 m, am Weg vom Kreuzeck zur Mauerscharte. Links der Hochblassen, 2706 m, mit seinen steilen, felsigen Nordabstürzen, rechs die Schneepyramide der Alpspitze, 2629 m, für den routinierten Tourenskifahrer der schönste Skigipfel im Wetterstein.

Was damals Hannes Schneider für den Arlberg war, das bedeuteten die Brüder Karl und Martin Neuner für Garmisch-Partenkirchen. Auf Schindeln, mit aufgenagelten alten Schuhen als Bindung, begannen sie als noch nicht schulpflichtige Buben im Schnee herumzurutschen. 1907 nahmen sie als die kleinsten am Gudiberg an einem Skikurs unter Vater Dengg teil. Der drillte wie ein Feldwebel zwei Dutzend Partenkirchner Buben. Und in den nächsten Jahren waren die Neunerbuben bei den Skikursrennen immer auf den ersten Plätzen. Besonders faszinierte sie das Springen. Als Anton Wackerle am Gudiberg 17 Meter weit sprang, war das für Karl Neuner ein „ihn bis ins Mark erschütterndes Ereignis".

1921, das Gründungsjahr des SC Partenkirchen, brachte für die Brüder Neuner die erste Bewährungsprobe im Rahmen der Bayerischen Ski-Meisterschaften. Der siebzehnjährige Martin errang den Meistertitel, der ein Jahr ältere Karl sprang 31 Meter weit. 1924 wurde Martin deutscher Sprunglaufsieger, Karl Deutscher Meister in der nordischen Kombination. Und so ging es weiter. Die beiden sammelten Meistertitel und Pokale zur Ehre des Clubs. 1926 mußte die Deutsche Meisterschaft wegen Schneemangel von Partenkirchen nach St. Anton am Arlberg verlegt werden. Martin kehrte als Deutscher Meister heim, Karl als Sieger in der Kombination.

Auch in der Folgezeit haben Mitglieder des SC Partenkirchen durch hervorragende Leistungen die Geschichte des deutschen Skisports mitgestaltet: Mathias und Roman Wörndle, Hans Kemser, Toni Bader, Walter Clausing, Hans Ostler, Franz Reiser, Lisa Resch, Käthe Grasegger und viele andere.

Die Zeiten waren vorbei, als ein Wirt am Winteranfang sagte: „Ich such' an Hausknecht, der skilaufen und den Fremden a bißl was zeigen kann!" Skilehrer war längst ein Berufsziel der Burschen in den Orten unterm Wetterstein.

Es blieb olympischer Glanz

Die IV. Olympischen Winterspiele 1936 machten Garmisch-Partenkirchen in aller Welt bekannt. Eine Mammutveranstaltung! Tausend Teilnehmer aus 28 Nationen. Im Werdenfelser Land waren vorbildliche Anlagen entstanden. Slalom und Abfahrtslauf galten erstmals als olympische Disziplin. Zum abschließenden Spezialsprunglauf drängten sich 130 000 Zuschauer.

Um die Olympia-Anlagen auswerten zu können, führte man im Januar 1937 die Internationale Wintersportwoche ein. Roman Wörndle fuhr in der Rekordzeit von 4:16,2 Minuten vom Kreuzeck.

1940 sollten die V. Olympischen Winterspiele wieder in Garmisch-Partenkirchen stattfinden. Da brach am 1. September 1939 der zweite Weltkrieg aus. Der Olympiatraum war vorbei. Es kam aber doch noch zu einer Wintersportwoche. 1941/42 war das Neujahrsspringen die letzte „genehmigte" Veranstaltung bis zum Winter 1945/46. Und bald war der Nachwuchs wieder erfolgreich auf Pisten und Sprungschanzen. 1950 wurden von Lia Leismüller, Franz Grasegger, Sepp Kleisl und Josef Vogg vier deutsche Meistertitel errungen. Ab 1953 wurde das weltweit bekannte Neujahrsspringen im Rahmen der Vier-Schanzen-Tournee ausgetragen. Josef Hohenleitner, Josef Kleisl und Franz Dengg glänzten als das „Partenkirchner Springer-Dreigestirn".

Ab 1965 tauchte in der Erfolgsliste des SC Partenkirchen der Name Christian Neureuther auf: er war Dritter in einem bayerischen Jugend-Slalom geworden. 1966/67 errang er den Titel eines Bayerischen Jugendmeisters in Abfahrt, Torlauf und Kombination, Sepp Schwinghammer den des Bayerischen Jugendmeisters im Spezialspringen. Ihr Aufstieg ging weiter: 1968/69 Neureuther Deutscher Meister im Riesentorlauf, Schwinghammer Juniorenmeister im Spezialspringen. Meistertitel auch für Flori Wörndle und Ludwig Reiser. So ließe sich die Liste fortsetzen bis 1979, als Neureuther wieder einen Weltcup-Slalom gewann.

Pisten und Touren

Das Skigebiet von Garmisch-Partenkirchen ist, wie man zu sagen pflegt, perfekt erschlossen, und zwar von der Tal- und Hügelregion bis nahe an die 3000-Meter-Grenze. Das Zugspitzplatt ist das höchstgelegene und schneereichste deutsche Skigebiet. Ein Zugspitz-Meteorologe hat bei einer angenommenen Schneehöhe von 3 Metern eine Menge von 22 500 000 Kubikmeter Schnee errechnet. Das „Platt" ist mittels dreier Bergbahnen erreichbar: Der Seilbahn vom Eibsee, der Zahnradbahn mit der Mittelstation Riffelriß (von hier eine Abfahrt über 600 Höhenmeter) und der österreichischen Zugspitzbahn von Ehrwald. Auf dem Platt stehen sechs Skilifte zur Verfügung.

Zum Bild auf folgender Doppelseite:
Blick vom vorgelagerten Wallgau ins Mittenwalder Tal, das links vom Karwendel und rechts vom Wetterstein begrenzt wird.
Der Wettersteingrat verläuft über die Wettersteinspitzen in Richtung Dreitorspitze. Links der Bildmitte die Zacken der Arnspitzgruppe, 2196 m.

Im weiten Gebiet zwischen Eckbauer (1238 Meter) über das Kreuzeck (1651 Meter) bis zum Osterfelderkopf (2050 Meter) findet man ein Netz von Bahnen und Liften. Da ist die Eckbauerbahn und ein Skilift, die Hausbergbahn reich gesegnet mit acht Skiliften, Kreuzjochbahn und Kreuzeckbahn (sie war die erste Schwebebahn für Personen in Bayern und wurde 1926 erbaut) mit Hexenkessellift, Osterfelderbahn, Hochalmbahn mit fünf Skiliften. Natürlich wurde auch die Alpspitze, der schönste Winterberg des Wettersteingebirges, von Bergbahnbauern anvisiert, aber sie ist bisher noch ein Ziel für Skitouristen geblieben.

Wenn vom Skitourismus im Werdenfelser Land die Rede ist, dürfen zwei Namen nicht unerwähnt bleiben: Sigi Lechner und Lilly von Weech. Beide waren auch publizistisch tätig. Lechner leitete frühe Skikurse nicht nur in Garmisch-Partenkirchen, sondern auch in Ehrwald, Berwang und Lermoos.

Bei der technischen Entwicklung des Skibetriebes erscheint es unvermeidlich, daß die „gepflegten" Pisten die früher üblichen Tourenabfahrten überwucherten. Trotzdem gibt es noch solche, etwa am Wank, im Stuibengebiet und harmloser am Kranzberg, vom Hausberg und vom Eckbauer. Einsamer und riskanter ist ein Besuch von Schachentor, Kämikopf und Kämitorkopf. Hochalpin ein Aufstieg zur Meilerhütte mit Steilabfahrt durch das Angerloch oder Frühjahrsfahrten auf dem Leutascher Platt mit Besteigung der Leutascher Dreitorspitze. Das ist nur etwas für den erfahrenen Skibergsteiger, der weiß, daß es im winterlichen Gebirge so etwas wie Lawinen gibt und sich im gefährdeten Gelände entsprechend verhält. Erinnert sei an das schwere Lawinenunglück 1965 an der Zugspitze (Schneefernerhaus), das Anstoß gab zur Einführung des bayerischen Lawinenwarndienstes.

Im Zeitalter der Skibefahrung von steilen Eisflanken hat auch das Wettersteingebirge sein Nonplusultra erhalten: die Abfahrt vom Schneefernerkopf durch das Kar „Neue Welt". Eine Abfahrt mit einer Abseilstelle — extremer geht's nicht mehr! Es beginnt zunächst unproblematisch auf der Nordschulter des Schneefernerkopfs, doch bald wird das Gelände steiler (45 Grad) und felsdurchsetzt. Im unteren Teil bricht das Kar mit hohen Steilwänden ab. Der Skifahrer wandelt sich zum Kletterer und muß sich dreimal je 20 Meter an einzementierten Mauerhaken abseilen. Auch die folgende, mit Lawinenschnee gefüllte Steilschlucht ist kein Gelände für Normalskifahrer. Das beginnt erst nach Überwindung einer Höhendifferenz von insgesamt 900 Metern. Dann wird man mit mehr oder weniger weichen Knien ins schöne freie Kar am Fuß der Wände entlassen. Wer es weniger extrem wünscht, der fahre lieber über Gatterl und Feldernjöchl nach Ehrwald, das ist die längste Abfahrt im Wetterstein.

Ausklang

So ein Buch entsteht wie ein Mosaik. Da wird sorgsam Stein um Stein ausgewählt, verschieden in Farbe, Leuchtkraft und in den Facetten: Namen, Daten, Fakten, Überlieferungen und manches Steinchen Erinnerung. Man setzt die Steine nach einem gewissen, zur Harmonie führenden Ordnungsprinzip und der verbindende Kitt ist die Phantasie. Man atmet schließlich erleichtert und befriedigt auf, wenn man dabei ist, die letzten, schwerwiegenden Steine einzusetzen: Gedenken und Dank!

Es bleibt ein Anflug von Trauer, weil man sich im Alter von so vielen toten Weggefährten umgeben sieht. So gilt das Gedenken meinen ersten jugendlichen Begleitern im Wetterstein, Sepp Hetzenecker, den ein Herzinfarkt zu früh hinwegraffte, und Leo Rödel, der ins Salzburgische, zum Tennengebirge, auswanderte. Eduard Wirschitz, der mit seiner Schwester am Nordwestabbruch der Alpspitze verunglückte. Schorsch Maier, Freund und Extrem-Idealist, dem eine Wächte an der Wildspitze zum Verhängnis wurde, und der mich immer wieder drängte, ein Wetterstein-Buch zu schreiben. Franz Singer, den im Unwetter an der Schüsselkarspitze der Tod überfiel, und Hans Kötterl, dessen Herz in einer kalten Sturmnacht am Steinernen Meer stillstand. Georg Steiner, Bauingenieur und unermüdlicher Hüttenwart der Meilerhütte, und Franz Rieß allezeit getreuer Sektionskamerad und Berggefährte. Otto Herzog, Erstbezwinger der Schüsselkar-Südwand, von dem sich manche Anekdote von gemeinsamen Bergfahrten erzählen ließe. Gedenken möchte ich auch C. J. Luther, dem „Winter"-Macher und Skipionier, und Dr. Anton Schmid, der sich vom „Hausmeister" zum neunzigjährigen „Grandseigneur des Wettersteins" wandelte.

Und schließlich zur herzlichen Danksagung: Sie gilt dem alten Freund Otto Eidenschink, der mir eifrig manche Unterlage beschaffte, Helmut Pfanzelt, dem Führer-Autor, Hans Hintermeier, Hans Hibler, Karl Eitzenberger und all jenen, die durch ein Zitat oder einen Hinweis das Buch bereicherten.

Den Lesern zum Nutzen und dem Wetterstein zur Ehre!

Chronik

Das Zugspitzplatt ist schon seit jeher das klassische Sommerskigebiet, lange bevor man in Tirol daranging Gletschergebiete für den Sommerskilauf zu „erschließen". Wer des Pistenbetriebes überdrüssig ist und sich nach unverspurten Hängen sehnt, der findet dies in unmittelbarer Nähe. Die Mühen des Aufstieges zur Schneefernerscharte lohnen mit einer kurzen aber traumhaften Abfahrt in herrlichem Pulver und Firn.

Gipfel und Wände im Wetterstein
Erschließungsdaten

1817
Hochwanner. Südwestlich des Gipfels wurde eine Steinpyramide errichtet. 1. tour. Erst. H. v. Barth 1871.

1820
Zugspitze-Westgipfel. 1. namentlich bekannte Ersteigung vom Platt aus durch Leutnant J. Naus,J. G. Deuschl aus Partenkirchen und den Meßgehilfen Maier.

1823
Zugspitze-Ostgipfel. 1. Erst. S. Resch aus Partenkirchen und „Schaftoni" aus Telfs, Hirte im Reintal.

1825
Alpspitze. 1. Erst. vermutlich J. Burger aus Partenkirchen, später Bergführer.

1853
Partenkirchner Dreitorspitze-Westgipfel. 1. Erst. Forstwart K. Kiendl mit seinem Schwager J. Grasegger von Hinter-Graseck.

1858
Alpspitze über „Schöngänge" (heute versichert) F. v. Schilcher mit Führer N. Grasegger.

1871
Großer Waxenstein. 1. tour. Ersteigung H. v. Barth und M. Ostler. J. Dengg war bereits in den 50er Jahren auf dem Gipfel.
Hochblassen. H. v. Barth mit P. Klaisl vom Reintaler Bauer.
Innere und Mittlere Höllentalspitze. 1. Erst. H. v. Barth aus dem Gamskar.
Leutascher Dreitorspitze. 1. tour. Erst. H. v. Barth. Soll schon 1857 von Ph. Rauth und A. Neuner aus Leutasch anläßlich Vermessungsarbeiten bestiegen worden sein.
Oberreintalschrofen. 1. Erst. H. v. Barth.
Öfelekopf-Ostgipfel. 1. Erst. H. v. Barth.
Westl. Plattspitze, 1. Erst. H. v. Barth.
Wetterwandeck. 1. Erst. H. v. Barth.
Wettersteinwand. 1. Erst. H. v. Barth.

1872
Zugspitze. 1. Abstieg ins Höllental G. Winhart mit Führer J. Rauch. 1. Aufstieg 1876 durch die Führer Joh. und Jos. Dengg.

1880
Hochblassen-Schneerinne. 1. Aufstieg Joh. und Jos. Dengg.

1881
Leutascher Dreitorspitze-Schneerinne. 1. Aufstieg M. Schulze mit Führer Joh. Dengg.
Hochblassen von der Grieskarscharte. H. Schwaiger mit Führer Joh. Dengg.

1882
Höllentalspitzen-Überschreitung. L. Gerdeißen mit Führer Joh. Dengg.

1884
Partenkirchner Dreitorspitze-Nordostgipfel. 1. Erst. F. v. Schilcher mit Führer A. Rauth.

1886
Kleine und Große Riffelspitze. 1. Erst. F. Resch und Cl. Sam. Übergang zur Zugspitze.

1889
Blassenspitze. 1. Erst. J. Landauer mit Führer Jos. Ostler („Koser-Sepp").

1892
Großer Waxenstein von Nordosten. E. John, O. Kunze mit den Führern Joh. und Jos. Ostler, II—III.
Großer Hundstallkopf. 1. Erst. J. Mainzer mit Führer Joh. Dengg.
Hinterer Waxenstein. 1. Erst. J. Mainzer mit Führer Joh. Dengg.
Hochwanner durch „Kar im Fall". J. Mainzer mit Führer Joh. Dengg.
Kleiner Waxenstein. 1. Erst. O. Schuster mit Führer Jos. Ostler.
Musterstein. 1. Erst. J. Mainzer mit Führer J. Dengg.
Obere Wettersteinspitze. 1. Erst. J. Mainzer mit Führer Joh. Dengg.
Partenkirchner Dreitorspitze-Überschreitung. J. Mainzer mit Führer Joh. Dengg, II.
Scharnitzspitze. 1. Erst. J. Mainzer mit den Führern Joh. und Jos. Dengg.
Schönangerspitze. 1. Erst. J. Mainzer mit Führer Joh. Dengg.

1893
Zwölferkopf. 1. Erst. J. Ruederer mit Führer M. Schönherr.

1894
Großer Kirchturm. 1. Erst. H. Buchenberg und A. Zott, III.
Nördliche Wetterspitze. 1. Erst. P. Naumann.

Oberreintalschrofen-Westgrat. O. Schuster mit Führer H. Moser, III+.
Scharnitzspitze-Ostgrat. O. Schuster mit Führer H. Moser, III—.
Schüsselkarspitze. 1. Erst. O. Schuster mit Führer H. Moser.

1895
Kleiner Wanner. 1. Erst. H. Staudinger. Übergang vom Hochwanner.
Öfelekopf-Westgipfel. 1. Erst. H. Gazert und L. Rieger.

1896
Schöneckspitze. 1. Erst. E. Diehl und H. Hartmann. Gratübergang von der Schönangerspitze.
Schneefernerkopf über Holzereck. A. Fuchs und Gef., III.
Vollkarspitze. 1. Erst. E. Diehl und H. Hartmann.

1897
Hinterreintalschrofen. 1. Erst. A. Heinrich und F. Henning. Gratübergang vom Hochwanner.
Hinterreintalschrofen-Teufelsgrat. L. Distel und F. Schön, III. Weiter zum Hochwanner im gleichen Jahr A. Heinrich, F. Henning und H. Leberle.
Hoher Gaif-Ostgrat. F. Henning, II—III. Vollständige Begehung 1904 L. Distel und A. Schulze.
Musterstein-Wettersteinwand. Gratübergang A. Heinrich und F. Henning, III.
Oberreintalschrofen-Ostgrat. O. Ampferer, G. Bayrer und W. Hammer, III.
Scharnitzspitze-Westgrat. O. Ampferer, H. Beyrer und W. Hammer, III.

1898
Schüsselkarspitze-Westgrat. O. Ampferer und F. Hörtnagl, III—IV.

1899
Blassenspitze-Nordwand. A. Heinrich, III.
Blassenspitze - Hochblassen. A. Heinrich, III.

Hochblassen-Blassengrat. A. Heinrich, H. Leberle und G. Leuchs, III.
Leutascher Dreitorspitze-Plattenschuß. O. Ampferer und F. Hörtnagel, II+.
Musterstein-Westgrat. E. Enzensperger und H. Leberle, II—III.
Oberreintalschrofen von Norden. A. Heinrich und O. Schlagintweit, III.
Öfelekopf-Westgipfel vom Leutascher Platt. A. Heinrich und E. Eichwald, II.
Öfelekopf-Westgipfel-Westgrat. O. Ampferer und W. Hammer, II.
Partenkirchner Dreitorspitze Nordostgipfel-Nordwand. A. Heinrich und M. v. Laßberg, 1916: G. Haupt, IV—.
Sonnenspitzl-Südgrat. Im Abstieg O. Ampferer, K. Berger und H. v. Ficker, III.
Untere Wettersteinspitze. Gratübergang von der Wettersteinwand, A. Heinrich, H. Leberle und G. Leuchs, II—III.

1900
Große Riffelwandspitze-Südostwand. M. v. Laßberg mit Führer J. Ostler, III+.
Jungfernkarkopf. 1. Erst. L. Distel und K. Herr.
Kleiner Hundstallkopf. 1. Erst. L. Distel und K. Herr.
Oberreintalschrofen von Südwesten. H. v. Ficker, II.
Öfelekopf-Ostgipfel-Südwand. H. v. Ficker und O. Melzer, II.
Zundernköpfe, vom Nördlichen zum Südlichen. 1. Erst. L. Distel und K. Herr.

1902
Große Riffelwandspitze-Westwand. A. Heinrich, M. v. Laßberg und H. Leberle, IV.
Innere Höllentalspitze-Nordwand. A. Heinrich und M. v. Laßberg, III+.
Leutascher Dreitorspitze-Südwand. A. Heinrich und M. v. Laßberg, III. Wegänderungen Findeiß-Gürtler 1910 und Salisko-Spindler 1924.
Musterstein von Norden. A. Heinrich und H. Leberle, III.
Musterstein-Südwand (Leberleweg). A. Heinrich und H. Leberle, III—IV—.

1903
Alpspitze-Nordwand. A. Adam und L. Puckshofer, III. Heute zwei Klettersteige.
Kleiner Kirchturm. 1. Erst. S. Bischof und O. Nonnenbruch.
Kleine Riffelwandspitze-Südostwand. O. Nonnenbruch, III.
Schönangerspitze von Norden. A. Adam und G. Scheurer, IV.
Wetterwandeck-Wetterwand. M. v. Laßberg und H. Leberle, IV.

1904
Gehrenspitze-Nordwand. R. Scheid, II—III.
Hinterer Waxenstein-Nordwand. A. Eichinger und L. Späth, IV—.
Hochwanner-Nordwand. L. Heis, III—. Neuer Weg im gleichen Jahr L. Distel, A. und G. Schulze.
Hochwanner — „Kar in der Jungfer". O. Oppel und L. Späth, III+.

1905
Großer Kirchturm-Südwand. K. Gürtler und O. Oppel, III.
Höllentorkopf-Nordkante. Freudenberg, IV.
Kleiner Wanner-Nordwand. F. Schneider und G. Schulze, IV.
Leutascher Dreitorspitze-Südwestgrat. H. v. Haller und W. v. Redwitz, IV—.
Mittlere Höllentalspitze-Nordgrat. W. Engelhardt, III.
Musterstein-Südwand (Nieberlweg). J. Klammer und F. Nieberl, III.
Östliche Plattspitze-Ostgrat. K. Gürtler und O. Oppel, IV.

1906
Oberreintalschrofen-Südwand. H. Burmester und W. Nonnenbruch, IV.
Scharnitzspitze-Südwand (Leberleweg). H. Leberle und A. Schulze, IV.
Zwölferkopf-Nordgrat. G. Frey und D. Groz, III.

1907
Mittlerer Zundernkopf-Nordgrat. H. Burmester, III+. Gratübergang zum Großen Hundstallkopf, III.
Wetterwandeck-Ostgrat. O. Nonnenbruch und A. Schulze, III.

1908
Frauenalplkopf-Nordwand, A. Schmid, III.

Kleine Riffelwandspitze-Westgrat. H. Federschmidt und A. Schmid, III.
Kleiner Wanner-Nordwand. P. Ass'n und A. Schmid, III.
Mittlere Wetterspitze-Wetterkante. H. und R. Haff, IV.
Musterstein-Südwand (Schmidband). A. Barth und A. Schmid, III.
Musterstein-Südostwand. E. Clement, F.Schösser und G. Seidl, IV.
Oberreintalturm. 1. Erst. A. Barth und A. Schmid.
Riffelköpfe-Riffelkante und Überschreitung. A. Schmid, IV.
Schüsselkarspitze-Nordwand. H. Burmester und F. Schneider, IV.

1909
Jungfernkarkopf-Nordwand. K. Gürtler und G. Seidl, IV.
Manndl-Nordwandschlucht. P. Ass'n, A. Bonacossa, G. Dumontel, K. Friedl und A. Schmid, IV.
Öfelekopf-Ostgipfel-Ostgrat. K. Gürtler und G. Seidl, III.
Partenkirchner Dreitorspitze-Westgipfel-Westgrat. H. Behrendt und A. Schmid, IV.
Unterer Berggeistturm. 1. Erst. H. Behrendt und A. Schmid.

1910
Kleiner Wanner-Nordostgrat. W. Nonnenbruch und E. Schlagintweit, III + .
Musterstein-Südwand (Schmidweg). H. Behrendt und A. Schmid, IV.
Oberer Schüsselkarturm. 1. Erst. G. Fester, A. Lehner und O. Oppel.
Untere Wettersteinspitze-Nordwand. H. Burmester, II.
Untere Wettersteinspitze-Ostwand. F. Arndt, G. Fester und Gef., III + .

1911
Kleiner Wanner-Südwand. E. Gerber, O. Rath und E. Scherer, III + .
Mittlerer Gatterlkopf-Nordostwand. E. Gerber und O. Rath, IV.
Östliche Plattspitze-Nordostwand. E. Gerber, H. Lechner und J. Sengmüller, IV.
Schneefernerkopf-Westwand. M. Winkler, IV—.
Westliche Törlspitze-Nordwand. P. Ass'n, J. Glaser und G. Sixt, IV.

1912
Großer Kirchturm-Ostwand Walter und Willi Bernuth, V—.
Musterstein-Südwand (Ass'n-Glaserweg). P. Ass'n und J. Glaser, IV.

1913
Bernardeinwand-Nordwand. E. Hoferer und H. Kreitz, IV.
Hochwanner-Nordwestgrat. P. Preuß und Th. Wetlesen, IV—.
Öfelekopf-Westgipfel-Südgrat. P. Preuß, IV—.
Schüsselkarspitze-Südwand. H. Fiechtl und O. Herzog, V + .

1914
Schüsselksrspitze-Südwand. Aufstieg zum Gipfel und erster Abstieg. O. und Chr. Herzog, V + .

1916
Höllentorkopf-Nordwestband. H. Kreitz und H. v. Lambsdorf, III.
Kleiner Wanner-Nordwand. H. Eichhorn und H. Theato, IV.
Partenkirchner Dreitorspitze-Ostwand. H. Eichhorn und H. Theato, IV—.
Partenkirchner Dreitorspitze-Nordwestgrat (Eichhorngrat). H. Eichhorn, H. Ehret und H. Theato, V—.

1917
Nördlicher Zundernkopf-Südostgrat. J. Baumann und H. Theato, IV—.
Partenkirchner Dreitorspitze-Westgipfel-Nordgrat. H. Eichhorn und H. Theato, IV.

1919
Große Riffelwandspitze-Nordwand. R. Hoferer und O. Leixl, V—.
Großer Waxenstein-Nordwestgrat (Leixlgrat). A. W. Forst, W. Hannemann und O. Leixl, IV—.
Hochblassen-Südwand. A. Sattler, III + .
Hochwanner-Nordostgrat. A. und L. Sattler, III + .
Höllentor-Nordostschlucht. H. Forst und G. Pfleiderer, III.
Östliche Törlspitze-Nordwand. J. Koch und A. Liebl, V—.
Zugspitzeck-Nordwestgrat. R. Hoferer und O. Leixl, V.

1920
Alpspitze-Nordwestabbruch. K. Hannemann und E. Hoesch, V—.
Bayerländerturm-Ostwand. K. Hannemann, U. Hoesch und Hertha v. Preger, IV.
Höllentorkopf-Westkante. K. Hannemann und Lilly Steppes, V.
Jungfernksrkopf-Nordostgrat. A. Sattler und Erna Ledl, IV.
Jungfernkarkopf-Ostwand. H. Schneider und Gef., V—.
Kleiner Hundstallkopf-Ostwand. H. Schneider und H. Theato, IV.
Leutascher Dreitorspitze-Nordostwand. K. Hannemann und U. Hoesch, V—.
Mittlerer Zundernkopf-Ostwand. H. Schneider und H. Theato, IV.
Musterstein-Südwand (Hannemannweg). K. Hannemann und W. v. Redwitz, IV.
Musterstein-Nordwestwand. K. Hannemann und U. Hoesch, IV—V—.
Nördlicher Zundernkopf-Alte Ostwand. H. Schneider, F. Schuller, K. und H. Theato, V—.
Oberreintalturm-Südwestkante. G. Hausmann und E. Solleder, IV + .
Oberreintalturm-Westkante. G. Hausmann und H. Schneider, IV + .
Öfelekopf-Westgipfel-Südwestkante. F. Aign, H. Kadner und O. Leixl, V—.
Östliche Plattspitze-Nordkante. F. Bachschmid und L. Pistor, IV.
Östlicher Riffelkopf-Riffelkante vom Riffelkar. K. Hannemann und Lilly Steppes, V—.
Partenkirchner Dreitorspitze-Ostkante. K. Hannemann und E. Hoesch, V—.
Scharnitzspitze-Nordwestwand. A. Gretschmann, J. Leopoldseder und C. R. v. Overkamp, IV—.
Scharnitzspitze-Südwand (Hannemannweg). K. Hannemann und E. Hoesch, V—.

Scharnitzspitze-Südwestwand. G. Frey, H. Kadner und H. Pfann, V—.
Schöneckspitze-Nordwand. A. Chandon, K. Hannemann und Lilly Steppes, V—.
Südlicher Zundernkopf-Nordgrat. A. Jahn, H. Schneider und E. Solleder, IV.
Zwölferkopf-Nordostkante. K. Hannemann und E. Hoesch, IV.

1921
Großer Waxenstein-Westschlucht. F. Dubois, W. Gerner und J. Kotzbauer, IV—.
Hochblassen-Nordostwand. E. Gretschmann und C. R. v. Overkamp, V—.
Kleiner Hundstallkopf-Westgrat. H. Schneider und und H. Theato, V—.
Oberer Schüsselkarturm-Westband. Fischer, Reichard und Theobald, IV.
Unterer Berggeistturm-Nordwand. K. Markert und B. Neigert, IV.
Unterer Schüsselkarturm-Südgrat. 1. Erst. H. Theobald, II.
Unterer Schüsselkarturm-Ostwand. H. Theobald, IV—.
Wetterwandeck-Dir. Wetterwand. K. Markert, F. Müller. B. Neigert und A. Schmid, IV.

1922
Riffeltorkopf-Nordostwand. M. Gämmerler und K. Markert, V+.
Schüsselkarspitze von Südwesten. E. v. Siemens und H. v. Wolf, IV.
Südliche Riffelspitze-Nordwestwand. M. Gämmerler und K. Markert, V—.
Westliche Plattspitze-Südgrat. B. Backmund und W. Spindler, III.

1923
Hochwanner-Dir. Nordwand. L. Bauer und G. Gruber, V+.
Oberreintalturm-Nordwand. C. Lischer und H. Schneider, V—.
Oberreintalturm-Westschlucht. H. und W. Spindler, III.
Oberer Schüsselkarturm-Ostwand. H. und W. Spindler, IV.
Riffeltorkopf-Nordwestwand. M. Gämmerler, K. Markert und E. Scherer, V—.
Westliche Plattspitze-Südwestwand. J. Brandl, M. Gämmerler, IV.
Gipfelwand 1926 C. R. v. Overkamp und W. Spindler.

1924
Scharnitzspitze-Südwestkante. M. Kuffner und H. Reischbeck, V.

1925
Bayerländerturm-Südostkante. E. Salisko, Gebr. Spindler, V—. Einstiegsvariante Leubner-Radecki, VI—.
Großer Waxenstein-Nordostpfeiler. L. Kubanek und T. Leis, V+.
Innere Höllentalspitze-Südwestgrat. R. Eck, E. Müller, H. Rüsch und W. Welzenbach, IV.
Kleiner Kirchturm-Südostwand. M. Rohrer, H. Rüsch und W. Welzenbach. VI—.
Kleiner Wanner-Nordwestgrat. J. Dreher, F. Möhn und W. Welzenbach, IV.
Kleiner Wanner-Nordwand. H. Rüsch und W. Welzenbach, IV.
Leutacher Dreitorspitze-Dir. Südwestgrat. E. Allwein, W. Köhler, F. Pfannenmüller und F. Sitte, IV.
Mittlerer Gatterlkopf-Nordkante. H. Rüsch und W. Welzenbach, III.
Nördliche Riffelspitze-Nordwestwand. E. Müller und W. Welzenbach, V—.
Schönangerspitze-Nordwand. P. Bauer und W. Welzenbach, VI—.
Oberer Schüsselkarturm-Nordgrat. E. Müller, W. Welzenbach und K. Wien, IV.
Östlicher Gatterlkopf-Nordwand. Hanni Lechner und W. Welzenbach, IV.
Unterer Berggeistturm-Westwand. Gebr. Spindler, IV—V.
Unterer Schüsselkarturm-Nordwestkante. K. Grünwald und H. Reischbeck, V—.
Westlicher Gatterlkopf-Nordwand. H. Rüsch und W. Welzenbach, II.
Westliche Plattspitze-Dir. Südgrat. H. Rüsch und W. Welzenbach, IV.
Windhaspel-Nordkante. W. Welzenbach und K. Wien, V.
Zugspitzeck-Westwand. H. Rüsch und W. Welzenbach, V.
Zwölferkopf-Nordostwand. J. Hetzenecker, G. Kuglstatter und G. Lettenbauer, VI—.
Zugspitzeck-Westsüdwestgrat. W. Welzenbach und K. Wien, IV.

1926
Großer Kirchturm-Südwand. H. Rüsch und E. v. Siemens, IV.
Innere Höllentalspitze-Südgrat. W. Leiner und A. Sattler, V.
Kleiner Kirchturm-Ostwand. W. Leiner und A. Sattler, IV.
Mittlere Wetterspitze-Südwand. J. Dreher und W. Welzenbach, V—.
Musterstein-Südwand (Kubanek-Spindler-Weg). L. Kubanek und Gebr. Spindler, V+.
Oberer Berggeistturm-Westwand. 1. Erst. F. und T. Schmid, V.
Partenkirchner Dreitorspitze-Südostwand. Gebr. Spindler, V—.
Partenkirchner Dreitorspitze/Mittelgipfel-Nordwand. J. Dreher und W. Spindler, V+.
Unterer Schüsselkarturm-Ostwand. C. R. v. Overkamp und W. Spindler, IV.

1927
Mittlerer Zundernkopf-Nordostgrat. L. Eschner, F. Winklmeier und E. Wittmann, V—.
Nördlicher Zundernkopf-Nordostkante. K. Amann und L. Rittler, V—.
Schüsselkarspitze-Südwand (Spindlerweg). K. Linden, R. Maier und Gebr. Spindler, V—.

1928
Hoher Gaif-Südwand. L. Rittler und H. Schneider. VI—.
Kleiner Kirchturm-Südwestwand. W. Köberle und W. Leitner, V+.
Nördlicher Zundernkopf-Dir. Ostwand. L. Rittler und H. Schneider, V.
Partenkirchner Dreitorspitze/Nordostgipfel-Nordkante. L. Hall, F. Schütt und W. Stößer, VI—.
Unterer Berggeistturm-Nordwestkante. L. Rittler und T. Schmid, V.

1929
Unterer Schüsselkarturm-Nordostkante. G. Haber und P. Nuber, IV.

1930
Brunntalkopf-Südwand. W. Leiner und T. Schmid, VI—.

1931
Musterstein-Südwand (Spindler-Wolf-Kamin). W. Spindler und W. Wolf, V.
Oberreintalschrofen-Südwand. T. Jenewein, H. Kasper und Paula Winkler, IV.
Wetterwandeck-Wetterwand. (Vorbau-Südwand). K. Heitner, M. Kötterl, A. Simon und R. Steinberger, IV +.

1932
Höllentorkopf-Nordwestwand. R. Sedlmayer und H. Ziegler, V.
Leutascher Dreitorspitze-Dir. Südwand. J. Bertl und W. Spindler, IV.
Partenkirchner Dreitorspitze-Dir. Ostkante. J. Bertl und L. Kleisl, V +.

1933
Kleiner Wanner-Nordnordwestgrat. H. Breiteneicher und M. Gammel, V—.
Öfelekopf/Westgipfel-Südwestwand. H. Frenademetz und H. Tiefenbrunner, V +.
Östlicher Riffelkopf-Ostwand. A. Deye und R. Peters, VI—.
Schüsselkarspitze-Südverschneidung. J. Bertl und A. Göttner, V +.

1934
Blassenspitze-Südwand. J. Bertl, J. Durrance, L. Kleisl und B. Pflugmacher, V.
Nördlicher Oberreintalkopf-Ostwand. A. Göttner und M. Meier, V—.
Oberer Berggeistturm-Südgrat. A. Göttner, Käthe Häußler und R. Unterberger, IV +.
Oberer Berggeistturm-Südwand. A. Göttner und M. Meier, V—.
Oberer Berggeistturm-Westkante. F. Hausstätter und F. Zimmermann, V +.
Oberreintalschrofen-Südverschneidung. H. Bischofer und S. Plattner, V—.
Oberreintalturm-Ostpfeiler. A. Göttner und M. Meier, V +.
Partenkirchner Dreitorspitze/Nordostgipfel-Dir. Nordwand. J. Bertl und L. Kleisl, V +.
Partenkirchner Dreitorspitze/Westgipfel, Grat vom Oberen Berggeistturm. A. Göttner, Käthe Häußler und R. Unterberger, V—.
Schüsselkarspitze-Südostwand. R. Haringer und R. Peters, VI.

1935
Bayerländerturm-Westwandriß. Oberer Teil: H. Panholzer und G. Schwaiger. Vollständig: 1938 K. Friedrich und G. Schwaiger, VI—.
Gehrenspitze-Dir. Nordwand. H. Frenademetz, K. Piberhofer, R. Pischl und L. Unterberger, IV—V.
Hochblassen-Nordkante (Blassenpfeiler). Th. Hüttenhofer und T. Wiedemann, VI.
Hochwanner-Nordwand (Neue Route). H. Frenademetz und H. Tiefenbrunner, V.
Hoher Gaif-Nordwestwand. J. Pröbstl und G. Schwaiger, V.
Kleiner Wanner - vollständiger Westgrat. A. Göttner und Käthe Häußler, V—.
Öfelekopf-Westgipfel/Südwestpfeiler. H. Frenademetz, W. Mariner und H. Rebitsch, VI.
Partenkirchner Dreitorspitze-Westgipfel/Westschlucht. W. Spindler, J. Schropp und A. Wiedemann, V—.
Riffeltorkopf-Nordkante. M. Oberniedermaier und K. Simon, V +.
Schüsselkarspitze-Südwand (Pfeilerrisse). H. Hintermeier und S. Meindl, VI.
Unterer Schüsselkarturm-Nordwestwand. A. Herbst und H. Teufel, V +.

1936
Großer Waxenstein-Dir. Nordwand. H. Paidar, L. Schmaderer und J. Thürstein, VI—.
Mittlerer Zundernkopf-Nordostwand. F. Fischer, W. Groß, Th. Lesch und H. Prechtl, V +.
Oberreintaldom-Nordwand. Th. Lesch und H. Prechtl, V +.

1937
Kleiner Waxenstein-(Manndl-) Nordwand. G. Schwaiger und H. Weise, VI.

1938
Große Riffelwandspitze-Dir. Nordwand. L. Kleisl und M. Schober, VI—.
Oberer Berggeistturm-Westgrat (Schobergrat). L. Kleisl und M. Schober, VI—.
Oberreintaldom-Südwestkante. L. Kleisl und M. Schober, IV—V +.
Oberer Schüsselkarturm-Nordostwand. K. Münch und M. Schober, VI—.
Östlicher Riffelkopf-Südostwand. K. Münch und M. Schober, VI.
Östliche Törlspitze-Südwand (Östliche Route). Artmann und G. Schwaiger, VI—.
Schüsselkarspitze-Ostwand. L. Kleisl und M. Schober, VI.
Unterer Schüsselkarturm-Nordwand. K. Münch und M. Schober, VI.

1939
Bernadeinwand-Dir. Nordwand. H. Bammert und H. Hintermeier, V.
Höhlenkopf-Nordwand. T. Meier und M. Schober, V +.
Musterstein-Südpfeiler. S. Douschan, W. Mariner und K. Rainer, VI.
Nordwestlicher Zundernkopf-Westkante. H. Prechtl und M. Schober, V—.
Oberreintalkopf-Nordwestwand. L. Kleisl und M. Schober, VI.
Schüsselkarspitze-Dir. Südwand. Paul Aschenbrenner und K. Rainer, VI.

1945
Musterstein-Dir. Südwand. J. Becherer, R. Hechtel, A. Jörg und B. Pflugmacher, VI—.
Oberreintalturm-Ostpfeiler (Neue Route). D. Cukrowski und M. Schließler, VI.

1946
Großer Waxenstein-Nordwand (mit unterem Teil Nordwestpfeiler). O. Eidenschink und H. Erhardt, V.
Großer Waxenstein-Nordwestpfeiler. O. Eidenschink und A. Lippl, VI—.
Hochwanner-Südverschneidung. H. Eberharter und K. Rainer, V—.
Jungfernkarkopf-Nordwestwand. A. Lippl und H. Prechtl.

Nordwestlicher Zundernkopf-Nordwand. K. Hausmann und H. Köllensperger, V+.
Oberreintalschrofen-Südpfeiler. H. Buhl und J. Spindler, V—VI.
Oberreintalturm-Dir. Westwand. M. Brych und W. Fischer, VI—.
Östliche Törlspitze-Südwand (Westliche Route). S. Emmer, B. Herbst und E. Schiegg, VI.
Scharnitzspitze-Südwand (Neue Route). H. Eberharter und Streng, VI+.
Schönangerspitze-Nordwestwand. O. Eidenschink und A. Lippl, VI.
Schöneckspitze-Nordwestwand. O. Eidenschink und A. Lippl, VI—.
Untere Wettersteinspitze-Nordwestwand. K. Hausmann und F. Schmitt, III—V.

1947
Gehrenspitze-Nordostwand. T. Braun und R. Lanznaster, V—.
Hochwanner-Südpfeiler. R. Lanznaster und H. Seelos, V—.
Oberer Berggeistturm-Südwestwand. D. Cukrowski und Döllein, VI+.
Oberreintalturm-Nordwestwand. D. Cukrowski und L. Döllein, VI—.
Oberreintaldom-Nordwand (Schließlerweg). W. Fischer und M. Schließler, VI.
Scharnitzspitze-Nordwand. R. Hechtel und F. Stadler, V—.
Zwölferkopf-Nordwand. M. Hutter und H. Ostler, VI—.

1948
Höllentorkopf-Südwestwand. H. Panholzer und H. Pfanzelt, VI—.
Schönangerspitze-Nordpfeiler. D. Cukrowski und O. Eidenschink, VI.
Unterer Berggeistturm-Dir. Nordwand. R. Hechtel und R. Mäser, VI—.

1949
Hochblassen-Dir. Südwand. H. Pfanzelt und K. Simon, V.
Hochblassen-Südpfeiler. H. Pfanzelt und K. Simon, VI—.
Hoher Gaif-Dir. Südwand. A. Jörg und L. Kleisl, VI+.
Östlicher Riffelkopf-Dir. Ostwand. A. Jörg und A. Lippl, VI.

1950
Oberer Schüsselkarturm-Nordwand. A. Koch und H. Schmidt, VI—.

1951
Zweithöchster Oberreintalkopf-Ostverschneidung. F. Mayer und H. Schmidt, IV+.

1952
Oberreintaldom-Nordverschneidung. K. Gonda und H. Hackel, VI+.

1953
Höllentorkopf-Nordostwand. A. Reinhard und K. Seifert, VI.

1954
Oberreintaldom-Nordwestwand. L. Brandler und Walpert, VI.
Oberreintaldom-Westkante. H. Schöne und H. Wünsche, VI—.
Südlicher Zundernkopf-Ostwand. L. Brandler und W. Gerschl, IV.

1955
Wetterwandeck-Dir. Südwand. H. Utzmeier und H. Wels, VI.

1956
Östlicher Riffelkopf-Südkante. R. Leutenbauer und F. Vojik, VI.

1957
Scharnitzspitze-Dir. Südwand. H. Baldauf und W. Spitzenstätter, VI—.

1958
Schüsselkarspitze-Süd- und Südostwand (Verbindungsroute). F. Purtscheller und G. Wersin, VI.

1959
Oberreintaldom-Nordwestwand. F. und W. Scheffler, VI.
Riffelkopf-Ostwand (Neuer Anstieg). A. Mey und W. v. Späth.

1960
Leutascher Dreitorspitze-Ostwand. H. Treyz und W. v. Späth, VI.
Riffelkopf-Dir. Nordkante. R. Mayer und T. Bader, VI—.

1961
Oberreintalschrofen-Dir. Südpfeiler. A. Mey und W. v. Späth, VI.

1962
Blassenspitze-Südpfeiler. W. Lindauer und Th. Reindl, VI+.

1963
Hoher Gaif-Südostwand. S. Müller und K. Simon, III—IV.

1964
Oberreintalschrofen-Dir. Südwand. W. und S. Huber, VI.
Oberreintalturm-Westwand (Neuer Anstieg). Ch. Kampf und R. Buchner.

1965
Oberreintalturm-Neue Westwand. W. Henke und F. Parzefall, VI.
Schüsselkarspitze-Neue Südverschneidung. H. Perktold und F. Sint, VI.
Schüsselkarspitze-Südwand (Einstiegsvariante Spindlerweg). M. Meßner und F. Sint, VI.

1966
Holzereck über Holzerwand. A. Larcher und P. Steiner, VI.
Oberreintalschrofen-Südwandriß. S. Huber und S. Strickner, IV—V.

1967
Große Riffelwandspitze-Nordpfeiler. W. Lindauer und R. Leutenbauer; VI.
Oberreintalschrofen-Südwestpfeiler. S. Gschwendtner und E. Stiebritz, VI.
Scharnitzspitze-Südwestwand (Gipfelstürmerweg). S. Huber und K. Zeitler, VI—.
Scharnitzspitze-Südwand (Telfser Anstieg). S. Aeberli, R. Etsmeister und H. Wagner.
Schwarze Wand. P. Haag, J. Lehne, G. Schnaidt und R. Rosenzopf, VI+.

1968
Höllentorkopf-Südwestwand (Weg der Freunde). W. Henke und H. Hillmaier, V.
Östlicher Riffelkopf-Südostpfeiler. W. Henke und H. Hillmaier, VI+.

Schüsselkarspitze-Westgratturm-Südwand. O. Sigl und H. Erdenkäufer, VI.

1969
Höllentorkopf-Nordostkante. H. Froidl und L. Gmeiner.
Öfelekopf-Westgipfel-Südpfeiler. M. Kemper und K. Werner, VI.
Oberreintaldom-Nordwand (Neue Route). A. und H. Erdenkäufer, W. Töppel und O. Sigl.
Riffeltorkopf-Dir. Nordwestwand. H. Ertl und R. Kuntze, V+.

1973
Schüsselkarspitze-Ostsüdostwand. K. Werner und P. Schubert, VI—.

1976
Schönangerspitze-Nordwand (Neue Route). Th. Gruhl und G. Härtl, V.

1977
Pantherkopf-Südwandrisse. S. Gschwendtner, S. Scheidhacker und N. Sialowsky, VI—.

1978
Öfelekopf-Südwand (Vergessener Pfeiler). H. M. Götz und A. Schrank, VI—.

Winterbegehungen

1882
Zugspitze. F. Kilger, H. Schwaiger, Brüder H. und J. Zametzer und A. Zott (7. 1.).
2. Winterbesteigung E. T. Compton und J. Koser (29. 1.).

1897
Oberreintalschrofen. A. Hintner, H. Renner und F. Hörtnagl.
Partenkirchner Dreitorspitze-Nordostgipfel. O. Ampferer, W. Hammer und H. Schmotzer.

1908
Musterstein-Südwand. A. Schmid.

1922
Hochwanner. Dr. E. Hoferer.

1927
Hoher Gaif - Hochblassen (Blassengrat). W. Spindler.
Zugspitze - Alpspitze (Jubiläumsgrat). W. Hofmeier, K. von Kraus und K. Wien.

1930
Hundstallkopf - Hinterreintalschrofen (Teufelsgrat). H. Frey, W. Spindler und A. Wiedemann (4. 12.).
Musterstein - Untere Wettersteinspitze (Wettersteingrat). J. Bertl und W. Spindler.

1932
Große Riffelwandspitze. B. Balletshofer (28. 12.).
Schüsselkarspitze-Südwand (Herzog-Fiechtl). M. Krinner und H. Kofler (26./27. 1.).

1933
Partenkirchener Dreitorspitze-Eichhorngrat. H. Wohlfahrt.

1934
Schüsselkarspitze-Südverschneidung. M. Rebitsch und G. Radinger (4. 4.).

1936
Schüsselkarspitze-Südostwand. A. Göttner und R. Peters (27./29. 2.).

1938
Riffelkopf-Südostwand. D. Cukrowski und K. Ritzmann.

1939
Hundstall-Umrahmung. P. Aschenbrenner und W. Mariner (14./15. 1.).
Partenkirchner Dreitorspitze/Mittelgipfel-Nordwand. B. Pflugmacher und H. Reußner (17. 2.).
Wetterkante. O. Eidenschink und H. Lanig (5. 2.).

1942
Schüsselkarspitze-Südwand (Spindler). H. Buhl und W. Gruber.

1943
Hochwanner-Nordwand. P. Liebl und Gef.

1948
Schüsselkarspitze-Dir. Südwand. H. Buhl und H. Vigl (27. 1.).
Öfelekopf-Südwestpfeiler. E. Bozzoni und T. Braun (28. 3.).

1949
Hochwanner-Dir. Nordwand. M. Schließler und K. Sohler (29./31. 12.).

1953
Mauerschartenkopf - Zugspitze (Blassen-Höllentalgrat). M. Schließler und Gef.
Untere Wettersteinspitze - Oberreintalschrofen. K. Gonda (1./3. 4.).
Schüsselkarspitze-Ostwand. R. Lukas und L. Nees (6./7. 3.).

1955
Zugspitze - Großer Waxenstein. A. und H. Mather (Februar, 5 Tage unterwegs).
Untere Wettersteinspitze - Zugspitze (Wetterstein-Hauptkamm) über 38 Gipfel. G. Maier und H. Niederberger (Aufbruch 27. 12., 82 Stunden am Grat).

1956
Unterer Schüsselkarturm-Nordwand (Schober). Oswald und Gef.

1957
Mittlere Wettersteinspitze-Südwand (Welzenbach). G. Maier und H. Niederberger (30. 12.).
Oberreintalturm-Dir. Westwand (Brych). R. Leutenbauer, L. Sittenauer und F. Vojik.
Oberreintaldom-Nordverschneidung. R. Leutenbauer und F. Vojik (10./11. 3.).
Zugspitzeck-Westwand (Welzenbach). G. Maier und H. Niederberger (27./28. 12.).

1958
Kleiner Wanner-Nordwand. G. Maier und H. Niederberger.
Schneefernerkopf-Westwand (Winkler). G. Maier und H. Niederberger (4./5. 1.).

1959
Scharnitzspitze-Dir. Südwand. H. Auffrischer und W. Spitzenstätter.
Alpspitze - Untere Wettersteinspitze. Zwei Seilschaften der HTG Oberland: Albrecht, Buncsak, Jordan, Wels und Wolf
Gehrenspitze-Dir. Nordwand. H. Baldauf und H. Wagner (14./15. 2.).
Oberreintalschrofen-Südpfeiler (Buhl). H. Baldauf und H. Wagner.

1960
Oberreintaldom-Nordwand (Scheffler). G. Simon und H. Treyz.

Anhang

Wanderungen, große Gipfelfahrten und Klettertouren — eine Auswahl in Stichworten

Diese Hinweise sollen nur die Wahl erleichtern und Gebietsfremden beim Planen helfen. Als Tourenbegleiter gehört der Kleine Wettersteinführer von Völk oder für ernstere Bergfahrten der Alpenvereinsführer von Pfanzelt sowie eine zuverlässige Karte in den Rucksack. Auch vielbegangene und teilweise versicherte, an sich unschwierige Touren sind nicht zu unterschätzen. Erschwerende Faktoren, wie Wetterverschlechterung, können diese zu gefährlichen Unternehmungen machen. Selbst für Bergwanderungen ist entsprechende Ausrüstung unerläßlich.

Wanderungen

Kreuzeck — Hupfleitenjoch — Höllental (2 Std.).
Geringe Steigung bis zum Hupfleitenjoch (1754 m), 1 Std. Prachtblick auf Waxensteinkamm und ins Höllental. Weiter in 20 Min. zum Schwarzerkopf (1820 m) und auf teilweise drahtseilversichertem Weg durch Gräben, an den Knappenhäusern vorbei, zur Höllentalhütte (1379 m). In umgekehrter Richtung beschwerlicher.

Höllental — Riffelscharte — Eibsee (6 Std.).
Von Hammersbach zur Höllentalhütte 2 Std. Weiter gegen den Talschluß, rechts Abzweigung vom Zugspitz-Höllentalweg ins Riffelkar und zur Riffelscharte (2160 m), 2 Std. Beim Abstieg über plattiges Felsgelände (Drahtseil) zur großen Geröllhalde (Vorsicht bei Altschnee) und zum Eibsee, 2 Std. Oder schräg links unter den Felsen abwärts und zur Station Riffelriß (1540 m). In umgekehrter Richtung kann bis hierher die Zugspitzbahn benützt werden.

Knorrhütte — Gatterl — Ehrwald (4—5 Std.).
Auf dem Plattsteig querend zum Gatterl (2020 m), 1 Std. Erst absteigend und weiter zum Feldernjöchl unter den Felsabstürzen der Gatterlköpfe und

zur Ehrwalder Alm (1493 m). Hierher von Ehrwald Gondellift. Vom Feldernjöchl Abzweigung über Tillfußalm (1400 m) ins Gaistal und nach Oberleutasch, 4 Std.

Schachen — Meilerhütte — Leutasch (5 Std.).
Von Garmisch-Partenkirchen in 5 Std., von Ellmau in 4 Std. zum Schachen (1860 m). Zirbenbestände und Alpengarten. Blick auf Reintal und Umrahmung. Weiter auf teilweise felsigem Weg zum Frauenalpl und zur Meilerhütte am Dreitorspitzgatterl (2366 m), 1 ½ Std. Nun links abwärts ins Berglental unter den Südwänden des Mustersteins ins Leutaschtal, 2 ½ Std. Landschaftlich schöner, aber weiter ist der Übergang über den Söllerpaß ins Leutaschtal. Abstieg sehr steil.

Oberleutasch — Scharnitzjoch — Puitental — Unterleutasch (5½ Std.).
Herrliche Bergwanderung. Rechts des Scharnitzbaches zur Wangalm und zum Scharnitzjoch (2050 m), 2½ Std. In der Nähe die unbewirtschaftete Erinnerungshütte des AAVM. Schöner Blick auf die Südwände. Abstieg zuerst durch Latschen, dann unter den Nordwänden der Gehrenspitze ins Puitental und nach Unterleutasch.

Lohnende Gipfel

Obere Wettersteinspitze (2296 m).
Von Mittenwald 4½ Std. Über Lauter- und Ferchensee zum Gamsanger (markiert) und über leichte Schrofen zum kreuzgeschmückten Gipfel.

Partenkirchner Dreitorspitze-Westgipfel (2633 m).
Von der Meilerhütte auf dem Hermann von Barth-Weg 2 Std. Unter den Ostabstürzen des Bayerländerturms und des Nordostgipfels durchquerend (Drahtseil) in einer knappen Stunde zum Einstieg und den Versicherungen folgend zu geneigteren Felspartien und zum Gipfel.

Alpspitze (2629 m).
Vom Kreuzeck zur Hochalm und über die Schöngänge (markiert und versichert) zum Gipfel, 4 Std. Durch die Nordflanke der Alpspitze führen zwei Klettersteige. Der erste, 1975 von der Zugspitzbahn AG erbaute ist 45 Min. näher als über die Schöngänge. Er führt von der Osterfelderbahn-Bergstation ins Oberkar, ist mit Steigbügeln, Leitern und Drahtseilen versehen. Für trittsichere und schwindelfreie Bergsteiger unschwierig. Mit allzu großem Aufwand an Eisen (1500 m Drahtseil) wurde der zweite Klettersteig erschlossen („Via Ferrata"). Blitzgefahr.

Zugspitzplatt-Umrahmung.
Hier lassen sich außer der Zugspitze einige weniger besuchte Gipfel ohne Schwierigkeit und ohne großen Zeitaufwand ersteigen: Schneefernerkopf (2875 m) vom Schneefernerhaus, 1 Std. — Östliche Wetterspitze (2700 m), 1½ Std. — Wetterwandeck (2699 m), 1½ Std. Eindrucksvoller Blick ins Ehrwalder Becken und auf die Mieminger Berge.

Kletterfahrten (II–IV)

Musterstein-Westgrat, II–III, 2 Std. von der Meilerhütte.
Ab Östliche Törlspitze anregende Kletterei. Tiefblick über die Südwand. Fortsetzung der Gratüberschreitung über Drei Scharten bis zur Unteren Wettersteinspitze, einige Stellen II–III, 7 Std.

Musterstein-Südwand.
Der Leberleweg (III–IV) zählt zu den leichteren und beliebten Durchstiegen in der 400 m hohen Südwand. Hauptschwierigkeiten „Leberleplatte" und ein Riß unterhalb der Westgratscharte. — Etwas schwieriger ist der Hannemannweg (IV) mit seinem plattigen Quergang.

Partenkirchner Dreitorspitze-Überschreitung.
Von der Meilerhütte 1½ Std. über die Signalkuppe auf den Nordostgipfel (II+), Kamin mit Klemmbock. Über den Grat über Mittel- zum Westgipfel luftige Kletterei (II), 1 Std.

Dreitorspitze-Ostwand.
Genußtour ersten Ranges (IV–) in griffigem Fels. Einstieg in Hüttennähe. Etwas schwieriger, aber auch sehr reizvoll, die Bayerländerturm-Ostwand (IV+).

Oberreintalturm-Südwestkante.
Beliebte Standardtour von der Oberreintalhütte (IV+), 2 Std. Guter Fels, luftige Kletterei. Abstieg gebohrte Abseilhaken.

Schüsselkarspitze-Westgrat.
Prächtige Kletterei (III–IV), eine Abseilstelle. Von der Östlichen Wangscharte (3 Std. von der Oberreintalhütte) 2½ Std.

Scharnitzspitze-Südwand.
Guter Fels, 250 m. Der Leberleweg bietet überwiegend Kaminkletterei (IV). Zahlreiche schwierige Routen.

Hochwanner-Nordwand.
Mit 1400 m höchste Wettersteinwand. Distel-Schulzeweg nur III–, erfordert aber Orientierungssinn und Ausdauer. Nächster Stützpunkt Reintalangerhütte. Im unteren Wanddrittel Terrasse mit Biwakblock. Von der Angerhütte 6–8 Std., langer Abstieg.

Wetterkante.
Großzügige 1000-Meter-Tour, 5–6 Std. (IV). Teilweise etwas brüchig. Landschaftlich sehr eindrucksvoll.

Riffelkante
zum Östlichen Riffelkopf, oberhalb dem „Brett" des Zugspitze-Höllentalweges. Vom Einstieg bis zum Ende der Kante (P 1996) 3 Std. Überschreitung der drei Riffelköpfe weitere 2 Std.

Zwölferkante
im Waxensteinkamm. Elegante Modetour (IV+). Von Hammersbach zur Mittagsreiße und zum Einstieg 2½ Std. Luftige Plattenkletterei: Risse, Verschneidungen und Erosionsrillen, 2½ Std.

Extreme Kletterfahrten (V–VI)

Der extreme Kletterer wird seine Wahl selber treffen. Hier nur eine Auslese der beliebtesten und am meisten geschätzten Fahrten.

Im Oberreintal wird die **Schoberkante** des **Oberen Berggeistturms** (VI–) häufig begangen. Festen Fels und eine ideale Routenführung weist die **direkte Westwand** des **Oberreintalturms** (VI–) auf. Hoch geschätzt wird die Schober-Route durch die fast senkrechte **Nordwand** des **Unteren Schüsselkarturms** (VI); dasselbe gilt von den **Nordwand-Routen** auf den **Oberreintaldom** (VI). Gegenüber der Einstieg zur großzügigsten Oberreintaltour, dem **Eichhorngrat** zum **Westgipfel der Dreitorspitze.** Eine Ver-Seillänge, sonst nur III–IV. 1000 Höhenmeter. Schwer wird die Wahl in den an die 500 m hohen **Südwänden** des **Mustersteins** und der **Schüsselkarspitze.** Am Musterstein hat wohl die **Kubanek-Spindler-Route** (V+) die meiste Anziehungskraft bewiesen, an der Schüsselkarspitze stehen die klassische **Fiechtl-Herzog-Route** (V+) mit dem Pendelquergang, der im allgemeinen leichtere **Spindlerweg** (V–) mit interessanter Plattenkletterei und einem schwierigen Seilquergang, sowie die **Südostwand** (VI) immer noch auf der Wunschliste der jungen Kletterer. Geballten VI. Grad findet man auch an den **Riffelköpfen** im Höllental. Es bietet sich die **alte Ostwand** (VI–), der **direkte Einstieg** (VI), die **Südostwand** (VI), eine Schober-Tour, und am schwierigsten der **Südostpfeiler** (VI+). Sehr ernst zu nehmen sind die Südanstiege am

Öfelekopf, bevorzugt der **Südwestpfeiler** (VI). Der Fels ist nicht ganz zuverlässig. Ebenfalls als eine große Unternehmung gilt die **direkte Hochwanner-Nordwand** (V+), die keinen Massenandrang erlebt.

Schrifttum

Wer sich für Geschichte und Volkstum, Land und Leute intensiver interessiert, sei auf folgende ältere Bücher verwiesen: **J. J. Hibler, Geschichte des oberen Loisachtales und der Grafschaft Werdenfels,** Selbstverlag, Garmisch, 1901. **J. J. Hibler, Der Eibsee und der Badersee,** Müller, München, 1918. **A. Mayer-Berg, Werdenfelser Land und Volk,** Brügel, Ansbach, 1910. **E. Kriner-Fischer, Garmisch-Partenkirchen einst und jetzt,** Adam, Garmisch, 1930. **E. Rock, Werdenfelser Land in früherer Zeit,** Bierprigl, Partenkirchen, 1938.

Naturkundlichen Aufschluß geben: **J. Doposchegg, Berge und Pflanzen in der Landschaft Werdenfels,** Adam, Garmisch, 1938, und vom selben Autor **Die Zugspitze,** Adam, Garmisch, 1921. Autoren geologischer Abhandlungen sind **O. Ampferer, C. v. Loesch, K. Leuchs** und **H. Uhlig** und später in den Alpenvereins-Jahrbüchern **H. J. Schneider** und **H. Bögel.**

Touristisch und zeitgeschichtlich interessant sind **Hermann von Barths** frühe Schilderungen **Aus den Nördlichen Kalkalpen,** Hugendubel, München, 1874, leichter zugänglich in **Gesammelte Schriften des Freiherrn Hermann von Barth,** Alpine Verlagsanstalt, München, 1926. Ferner **M. Krieger, Geschichte der Zugspitzbesteigungen,** Garmisch, 1884. Die klassische bergsteigerische Erschließung wird behandelt: **M. v. Prielmayer, Wetterstein** in **Die Erschließung der Ostalpen,** Band 1, 1893. Monographie **Das Wettersteingebirge** von **Hans Leberle** in den Alpenvereins-Jahrbüchern 1904 und 1905. Auch die Alpenvereins-Jahrbücher 1960, 1962 und 1964 enthalten neben den Kartenbeilagen wissenschaftliche und touristische Beiträge über das Wettersteingebirge. Ebenso laufend die alpinen Zeitschriften.

Bildbände: **Fischer/Peterka, Bergheimat Karwendel und Wetterstein,** Stähle und Friedel, Stuttgart, 1967. **R. Henneberger, Wetterstein,** Pflaum, München, 1963, und **K. Gaiser, Wetterstein — Kleinod der Garmischer Berge** (Gemäldewiedergaben), Schloendorn, München, 1967. Feuilletonisches Allerlei bietet das Bändchen **Der Zugspitz** von **Chr. Greiff,** Feder, München, 1959.

Führer

Der im Bergverlag R. Rother, München, erschienene Alpenvereinsführer von **Helmut Pfanzelt, Wetterstein und Mieminger Kette** (diese bearbeitet von Siegfried Aeberli) von 1971 ist der umfassendste Ratgeber für anspruchsvolle Bergwanderer wie für extreme Kletterer. Er war auch ein wichtiges Nachschlagewerk bei der Abfassung dieses Landschaftsbuches Wetterstein. Grundlage für Pfanzelts Arbeit bildeten der **Kleine Wetterstein-Führer** von **W. Völk,** 1965, der **Kletterführer** von **W. Spindler,** 1949, 2. Auflage 1958, und der alte **Wettersteinführer** von **C. R. v. Overkamp,** sämtliche im Bergverlag R. Rother.

Im gleichen Verlag erschien auch der **Ski- und Winterführer durch Garmisch-Partenkirchen und Umgebung** von **W. Völk,** 1941. Zu erwähnen sind ferner **Adam, Führer durch Garmisch-Partenkirchen und das Gebiet von Mittenwald,** Adam, Garmisch-Partenkirchen, 1957; **Dumler, Rundwanderungen im Werdenfelser Land,** Finske, Stuttgart, 1971 und der Leporello-Wanderführer **Stöckle/Seibert, Wetterstein, Karwendel, Mieminger,** Bruckmann, München, 1971.

Ein Wort des Gedenkens verdienen die früheren Führer-Autoren: 1893 brachte Lindauer, München, den ersten **Führer durch das Wettersteingebirge** von **Heinrich Schwaiger** heraus. Die erweiterte 2. Auflage zeichnete sich durch die naturgetreuen Anstiegsskizzen und Panoramen von Rudolf Reschreiter aus. Bearbeiter der 3. Auflage (1909) war **Hans Leberle,** der 4. (1921) **Herbert Kadner** und der 5. (1926) **Willo Welzenbach.**

Karten

Da sind zuerst die drei großen, im Gebrauch etwas unhandlichen Kartenblätter 1:25 000 **Wetterstein und Mieminger Gebirge,** zu nennen, herausgegeben vom Deutschen und vom Österreichischen Alpenverein (Blatt Ost 1960, Blatt Mitte 1962 und Blatt West 1964). Handlicher ist die Karte **Werdenfelser Land** 1:50 000, herausgegeben vom Bayerischen Landesvermessungsamt, München. **Freytag-Berndt Wanderkarte Wettersteingebirge** 1:50 000. **Reis, Geologische Karte des Wettersteingebirges,** 1:25 000, München, 1911.

Bilderverzeichnis

Register

Bildnachweis

H. Höfler (Titelbild, Seite 16, 109, 130, 153)
W. Fischer (Seite 19, 20, 64, 77, 85, 92/93, 96, 123, 145, 156/157, 163, 169)
Mauritius-Verlag (Seite 27)
L. Hensel (Seite 74)
E. Grießl (Seite 99)
J. Winkler (Seite 100)
F. Schmitt (Seite 134)
H. Adelsberger (Seite 160)
Beckert oHG (Haupttitel)
H. Steinbichler (Seite 176)
O. Beer (Seite 70/71)
R. Köfferlein (Abschlußbild)
G. Kraus (Seite 36/37)
E. Platz (Seite 42)
J. G. Steffan (Seite 50)
Alle übrigen Aufnahmen wurden von Foto Löbl-Schreyer erarbeitet.

Maßstab ca. 1:150000
Erklärung siehe Seite 4